초간단 | 갓성비 | 맛보장
전자레인지 요리 97

초간단 | 갓성비 | 맛보장
전자레인지 요리 97

2025년 8월 12일 1판 1쇄 인쇄
2025년 8월 20일 1판 1쇄 발행

지은이 배추도사맘(김자희)
펴낸이 이상훈
펴낸곳 책밥
주소 11901 경기도 구리시 갈매중앙로 190 휴밸나인 A-6001호
전화 번호 031-529-6707
팩스 번호 031-571-6702
홈페이지 www.bookisbab.co.kr
등록 2007.1.31. 제313-2007-126호

기획·진행 김효정
디자인 디자인허브

ISBN 979-11-93049-70-9(13590)
정가 16,000원

ⓒ 배추도사맘(김자희), 2025

이 책은 저작권법에 따라 보호받는 저작물이므로 무단전재와 무단복제를 금합니다.
이 책 내용의 전부 또는 일부를 사용하려면 반드시 저작권자와 출판사에 동의를 받아야 합니다.
잘못 만들어진 책은 구입하신 서점에서 바꿔드립니다.

책밥은 (주)오렌지페이퍼의 출판 브랜드입니다.

초간단 | 갓성비 | 맛보장

전자레인지 요리 97

배추도사맘(김자희) 지음

책밥

Prologue

안녕하세요. 세 아이를 키우고 있는 엄마이자 인스타그램과 유튜브에서 활동하는 배추도사맘입니다. 아이들을 키우다 보니 요리하는 시간조차 노동으로 느껴질 때가 많았어요. 자연스레 밀키트나 배달 음식처럼 시간이 적게 드는 메뉴를 찾게 되더라고요. 혼자 밥을 먹을 때면 라면 같이 간단히 먹을 수 있는 음식으로 끼니를 때우곤 했습니다. 하지만 전자레인지 요리를 접하고 나선 혼자서도 식사를 잘 챙겨 먹기 시작했어요. 빠르게 음식을 만들 수 있다 보니 버섯과 채소 같은 다양한 재료를 넣는 데 더 신경 쓸 수 있게 되더라고요. 영양가 많은 한 끼 식사가 주는 행복을 온전히 느낄 수 있었습니다.

특히 온 가족이 함께 있는 주말에 전자레인지 요리는 빛을 발휘했어요. 요리 시간이 10분밖에 걸리지 않고 설거짓거리가 적어 음식 만들고 치우는 시간이 많이 단축됐거든요. 그러다 보니 아이들과 놀아주는 시간을 더 늘릴 수 있었어요.

제가 느낀 전자레인지 요리의 장점을 더 많은 사람에게 알리고 싶어 SNS에 레시피를 공유하기 시작했어요. 직장인, 자취생, 워킹맘처럼 여유가 없는 분들이 제 레시피를 좋아해주시더라고요. 많은 분들이 남겨주신 진심 어린 댓글을 보며 뿌듯한 성취감을 느꼈습니다.

책에 수록된 레시피는 아침, 점심, 저녁으로 만들어 먹을 수 있게 식단을 짰고, 일주일 치 요리를 각각 3만 원, 4만 원, 5만 원으로 만들 수 있도록 정리했어요. 고물가 시대에 한 푼이라도 절약하고자 가성비 좋은 재료를 골라 사용했습니다. 불 없이 오직 전자레인지로만 만드는 한식, 양식, 디저트를 이제 집에서 쉽고 간편하게 즐겨보세요. 제가 만든 다양한 레시피로 간단하지만 든든한 한 끼를 챙기시길 바랍니다.

바쁜 일상에 치이는 모든 사람이 쉽고 빠르게,
든든한 식사를 챙겨 먹길 바라는 마음을 담았습니다.

배추도사맘 김자희 드림

Contents

Prologue

Intro
- 전자레인지 사용법 10
- 주의가 필요한 재료 14
- 식비 절약 한 달 식단표 16
- 갓성비 장보기 목록 18
- 초간단 숟가락 계량법 27

Part 1 3만 원으로 쉽게 만드는 일주일 아침

Week 1
- 단백질 폭탄 달걀밥 30
- 순두부 그라탕 31
- 에그인헬 32
- 순두부 비빔밥 33
- 명란 비빔밥 34
- 양배추 샤브찜 35
- 콩나물 덮밥 36

Week 2
- 콘치즈 참치 덮밥 37
- 오트밀 참치죽 38
- 새송이 스팸 덮밥 39
- 참치 순두부 40
- 스팸 김치볶음밥 41
- 양배추 참치 덮밥 42
- 들기름 두부김치 43

Week 3
- 토마토 마리네이드 44
- 느타리버섯 덮밥 45
- 마녀수프 46
- 명란 달걀 덮밥 47
- 양송이 리조또 48
- 파송송 달걀밥 49
- 달걀 토스트 50

Week 4
- 라따뚜이 51
- 참치 김치죽 52
- 양념 치킨맛 밥 53
- 들깨 양배추 무침 54
- 고추참치 비빔밥 55
- 두부 달걀찜 56
- 오트밀 들깨죽 57

4만 원으로 해결하는
일주일 점심

Week 1
매콤 팽이버섯 덮밥 60
부추 참치 비빔밥 61
매콤 만두밥 62
표고버섯 파스타 63
김치볶음밥 64
양송이 치즈구이 65
양배추 가브리살찜 66

Week 2
학교 앞 떡볶이 67
불닭 리조또 68
라이스페이퍼 달걀볶이 69
토마토 달걀 볶음 70
크림치즈 우동 71
갈릭 스파게티 72
방울토마토 소시지 덮밥 73

Week 3
제육맛 밥 74
순두부 조림 75
새우 비빔밥 76
고기국수 77
매콤 애참양 덮밥 78
로제 떡볶이 79
팽이버섯 덮밥 80

Week 4
순두부 찜닭 81
가지 비빔밥 82
마라샹궈 83
불닭 치즈밥 84
스팸 파스타 85
방울토마토 스파게티 86
간장 달걀밥 87

 5만 원으로 배불리 먹는
일주일 저녁

Week 1
떡만둣국 90
애호박 덮밥 91
매콤 샤브 92
애호박 간장 국수 93
고기 순두부장 94
식빵 피자 95
1인 샤브 96

Week 2
새우 야채죽 97
크래미 오트밀죽 98
소보로밥 99
유부 덮밥 100
새우 딤섬 101
순두부장 102
옥수수밥 103

Week 3
순두부 달걀찜 104
우삼겹 고추장밥 105
불닭 스파게티 106
순두부 카레 107
베이컨 양배추 덮밥 108
고기 우동 볶음 109
버터김 파스타 110

Week 4
애호박 새우 파스타 111
불닭 만두밥 112
새우 우동 볶음 113
집코바 114
순대볶음 115
순두부 불닭 치즈 116
스팸 달걀 덮밥 117

Part 4

단돈 만 원! 초간단
알뜰 요리 모음

상추 비빔밥　120

깻잎 참치 비빔밥　121

쪽파 비빔밥　122

잡채　123

비엔나 카레밥　124

순두부 명란밥　125

스팸 치즈 김치밥　126

카레 우동　127

라면볶이　128

새송이 갈릭 버터구이　129

달걀 모닝빵　130

프링글스 피자　131

초코칩 치즈케이크　132

Intro

전자레인지 사용법

전자레인지는 마이크로파로 음식을 데워요. 음식을 직접 가열하는 가스레인지와 차이가 있기 때문에 주의 사항을 먼저 숙지하고 안전하게 사용하길 바랍니다. 전자레인지를 사용할 땐 강한 전자파가 발생합니다. 30cm 이상 거리를 두고 사용하는 것을 추천해요. 재료와 음식을 담는 용기에도 주의가 필요합니다. 금속이나 스테인리스 용기, 알루미늄 포일 등은 화재 우려가 있고 플라스틱 용기는 소재에 따라 환경 호르몬이 나올 수 있어요. 조리 전에 전자레인지 사용이 가능한 용기인지 먼저 확인하고 사용해야 합니다.

전자레인지 용기 사용법

① 푸쉬락(실리콘)
뚜껑에 스팀홀이 장착되어 있어 음식을 전체적으로 고르고 촉촉하게 데워줘요. 반투명 용기라 전자레인지에 돌릴 때 그릇 내부가 보여 조리 과정을 쉽게 확인할 수 있습니다. 음식을 한눈에 확인할 수 있어 냉장 보관하기에도 좋은 용기입니다.

> ⚡ 주의할 점
>
> - 용기에 색이 배기 쉬워 고추장 요리나 카레 같은 색이 강한 음식엔 사용을 피해주세요.
> - 실리콘 소재 특성상 세척할 때 물 얼룩이 많이 남습니다.
>   ✚ 끓는 물에 베이킹 소다를 넣고, 용기를 넣어 팔팔 끓인 후 해가 잘 들어오는 곳에 말리면 얼룩이 깨끗하게 제거돼요.

② 실리팟 냉동밥 용기(실리콘)
애매하게 남은 밥을 냉동실에 보관할 때 사용하는 용기입니다. 크기가 작아 밥을 소분해 보관하기 좋아요. 냉동 밥 위에 식재료를 넣거나 양념을 해 간편하게 전자레인지 요리를 만들 수 있어 편해요.

> ⚡ 주의할 점
>
> - 소재 특성상 용기에 색이 배기 쉽고 물 얼룩이 잘 남습니다.

Intro

③ 실리팟 찜기(실리콘)

크기가 다양해 여러 음식에 활용하기 좋아요. 저는 주로 양배추나 고기 같은 재료를 쪄서 만드는 찜 요리에 많이 사용합니다. 가운데 튀어나온 부분에 야채에서 나온 물이나 고기 기름이 걸러져 편리해요. 실리콘 용기는 세척할 때 물 얼룩이 많이 남는데 실리팟은 그렇지 않아 좋더라고요. 제품 색상도 다양해 색 배임에 약한 실리콘 소재의 단점을 보완할 수 있습니다.

⚡ 주의할 점

- 뚜껑은 색이 투명해 색 배임에 더 취약해요.
- 뚜껑이 가벼워 쉽게 들썩일 수 있습니다. 뚜껑 사이로 나오는 수증기에 주의하세요.
- 부드러운 실리콘 소재는 철 수세미로 세척하면 제품이 손상될 수 있어요. 부드러운 수세미로 세척해 주세요.

④ 지켜텐(플라스틱+스테인리스)

내부는 스테인리스, 외부는 플라스틱 소재의 제품입니다. 스테인리스 소재라 색이 배지 않고, 일반적인 스테인리스와 달리 전자레인지 사용 안심 테스트를 통과한 제품이라 안심하고 사용할 수 있어요. 전자레인지 사용 후 용기를 꺼낼 때 플라스틱 부분을 잡고 꺼내면 스테인리스에 손이 닿지 않아 안전합니다. 스테인리스와 플라스틱이 분리되기 때문에 깨끗하게 세척할 수 있고, 뚜껑에 실리콘 패킹이 있어 밀폐력이 강해요.

⚡ 주의할 점

- 장시간 전자레인지 조리가 필요한 요리에는 사용할 수 없습니다.
- 3분 이상 조리할 땐 플라스틱 부분을 분리해 사용합니다.
- 복합 전자레인지(오븐, 그릴 등)에 사용할 땐 트레이를 제거하고 사용해 주세요.

⑤ 칼로볼(플라스틱)

전자레인지용 밥솥으로 나온 제품이지만 감자, 고구마, 옥수수를 쪄 먹을 수 있어 자주 사용하는 제품입니다. 찜 요리도 가능하고 재료를 가볍게 데치거나 스파게티, 솥밥 요리에도 활용 가능한 용기예요. 저는 주로 면 요리를 할 때 자주 사용하는데 내솥이 분리되어 있어 면을 삶고 꺼내면 저절로 물이 빠져 편해요.

⚡ 주의할 점

- 뚜껑을 열거나 내솥을 들 때 화상 위험이 있어요. 식힌 후에 뚜껑을 열어주세요.
- 실리콘 소재처럼 색이 쉽게 밸 수 있으니 주의해 주세요.
- 수분이 없는 요리나 오븐에는 사용할 수 없습니다.
- 복합 전자레인지에 넣을 땐 반드시 전자레인지 모드로만 사용해 주세요.

⑥ 네오플램 글라쎄Z(유리)

뚜껑까지 전부 유리 소재라 냄새나 색 배임이 없고 조리 과정을 쉽게 확인할 수 있어요. 뚜껑에 달린 스팀 밸브가 날아가는 수분을 최소화해서 촉촉한 요리를 만들 수 있어요. 밀폐력이 좋아 반찬이나 채소를 보관해 두면 오랫동안 신선함을 유지할 수 있어요.

⚡ 주의할 점

- 유리 소재 제품이라 무겁습니다. 손목이 약하다면 사용에 주의하세요.
- 장시간 전자레인지 조리는 피해주세요.
- 급격한 온도 변화에 예민한 편입니다. 냉장 또는 냉동 보관 시엔 내용물을 충분히 식힌 후 보관해 주세요.

⑦ 비더셰프 밧디쉬 세라믹 밧드(세라믹)

세라믹 소재의 도자기 용기로 전자레인지는 물론 오븐, 에어프라이어 등 다양한 조리기기에 사용이 가능합니다. 베이킹에도 자주 사용되고 조리 후 별다른 플레이팅 없이 식탁에 그대로 내놓아도 예쁜 그릇입니다. 집에 손님이 왔을 때 근사하게 내놓기 좋아요.

⚡ 주의할 점

- 세라믹 소재 특성상 급격한 온도 변화에 파손될 위험이 있으니 주의해 주세요.
- 불에 직접 열을 가하면 깨질 수 있어요. 반드시 전자레인지나 오븐, 에어프라이어 같은 간접 가열기기에만 사용해 주세요.
- 칼이나 포크 등 날카로운 도구 사용 시 흠집이 생기기 쉬워요.
- 철수세미로 세척하면 표면이 손상될 수 있으니 부드러운 수세미로 세척해 주세요.

Intro

주의가 필요한 재료

① 달걀
그대로 넣으면 노른자가 터질 수 있어요. 풀어서 넣거나 노른자를 포크로 살짝 터트려준 후에 조리해 주세요.

② 스팸
전자레인지에 바로 조리하게 되면 염분과 기름기 제거가 어렵습니다. 전자레인지 조리 전 뜨거운 물에 살짝 헹궈 사용하는 걸 추천해요. 알루미늄으로 만들어진 스팸 캔은 화재 위험이 높아 전자레인지 조리에 적합하지 않습니다. 전자레인지 전용 용기에 담아 조리해 주세요.

③ 참치
많은 양의 참치를 오랜 시간 전자레인지에 돌리면 터질 수 있어요. 시간을 나눠 여러 번 돌리고 중간중간 내용물을 저어가며 조리합니다. 스팸과 마찬가지로 참치 캔 역시 알루미늄 소재라 전자레인지 조리에 적합하지 않습니다.

④ 면류
스파게티나 우동, 국수 같은 면 요리는 오랜 시간 전자레인지에 돌리면 쉽게 뭉치고 엉겨 붙습니다. 중간중간 저어가며 면이 뭉치지 않게 풀어줍니다.

⑤ 두부&순두부
수분이 많아 물이 생기기 쉬워요. 전자레인지에 1분 돌려 나온 물을 버린 후 조리합니다.

⑥ 우삼겹
전자레인지 요리 특성상 한 번에 골고루 익히기 어려울 수 있습니다. 덜 익은 돼지고기는 기생충 감염의 위험이 있으니 전체적으로 고기가 완전히 익을 때까지 여러 번 돌려가며 충분히 익혀주세요.

①

②

③

④

⑤

⑥

Intro

식비 절약 한 달 식단표

저희 집은 저와 남편, 그리고 아이 셋이 함께 사는 5인 가족입니다. 남편은 직장인이라 아침 일찍 출근하고, 아이들은 각각 유치원과 어린이집에 다니기 때문에 평일 아침과 점심은 주로 혼자 간단하게 해결할 때가 많아요. 그래서 저는 한 끼를 먹더라도 비용을 절약하면서 영양을 챙길 수 있는 식단을 만들기 위해 노력하고 있습니다.

저녁과 주말에는 가족이 모두 모여서 식사하기 때문에 아이부터 어른까지 누구나 맛있게 먹을 수 있는 요리를 준비하려고 합니다. 특히 아이들은 매운 요리를 잘 먹지 못하다 보니 매콤한 메뉴는 레시피를 변형하거나 따로 토핑으로 빼는 방식으로 음식을 만들고 있어요.

계획 없이 장을 보면 쓰지 못하고 버리게 되는 식재료가 생기거나 중복된 재료로 지루한 식단이 되기 십상입니다. 한 달 단위의 식단표와 장보기 목록을 짜면 꼭 필요한 재료들만 구매하게 되어 생활비를 많이 줄일 수 있어요. 단순히 저렴한 재료를 양껏 먹자는 취지보다는 같은 재료를 다양하게 활용해 최대한 낭비 없이 알뜰히 요리하자는 마음을 담아 식단표를 정리했습니다.

		월	화	수	목	금	토	일
1주	아침	단백질 폭탄 달걀밥	순두부 그라탕	에그인헬	순두부 비빔밥	명란 비빔밥	양배추 샤브찜	콩나물 덮밥
	점심	매콤 팽이버섯 덮밥	부추 참치 비빔밥	매콤 만두밥	표고버섯 파스타	김치 볶음밥	양송이 치즈구이	양배추 가브리살찜
	저녁	떡만둣국	애호박 덮밥	매콤 샤브	애호박 간장 국수	고기 순두부장	식빵 피자	1인 샤브
2주	아침	콘치즈 참치 덮밥	오트밀 참치죽	새송이 스팸 덮밥	참치 순두부	스팸 김치 볶음밥	양배추 참치 덮밥	들기름 두부김치
	점심	학교 앞 떡볶이	불닭 리조또	라이스 페이퍼 달걀볶이	토마토 달걀 볶음	크림치즈 우동	갈릭 스파게티	방울토마토 소시지 덮밥
	저녁	새우 야채죽	크래미 오트밀죽	소보로밥	유부 덮밥	새우 딤섬	순두부장	옥수수밥
3주	아침	토마토 마리네이드	느타리버섯 덮밥	마녀수프	명란 달걀 덮밥	양송이 리조또	파송송 달걀밥	달걀 토스트
	점심	제육맛 밥	순두부 조림	새우 비빔밥	고기국수	매콤 애참양 덮밥	로제 떡볶이	팽이버섯 덮밥
	저녁	순두부 달걀찜	우삼겹 고추장밥	불닭 스파게티	순두부 카레	베이컨 양배추 덮밥	고기 우동 볶음	버터김 파스타
4주	아침	라따뚜이	참치 김치죽	양념 치킨맛 밥	들깨 양배추 무침	고추참치 비빔밥	두부 달걀찜	오트밀 들깨죽
	점심	순두부 찜닭	가지 비빔밥	마라샹궈	불닭 치즈밥	스팸 파스타	방울토마토 스파게티	간장 달걀밥
	저녁	애호박 새우 파스타	불닭 만두밥	새우 우동 볶음	집코바	순대볶음	순두부 불닭 치즈	스팸 달걀 덮밥

Intro

갓성비 장보기 목록

책에 나온 요리들을 만들 때 제가 실제로 참고하여 구입했던 장보기 목록입니다. 알뜰한 장보기를 위해선 불필요한 소비는 최대한 줄이고 필요한 재료만 골라 구입하는 것이 가장 중요해요. 실제 사용 경험을 바탕으로 꼭 필요한 품목만을 골라 담았습니다. 장 볼 때 이 목록을 참고하면 훨씬 더 효율적이고 경제적인 식단을 만들 수 있을 거예요. 김치와 달걀, 마늘과 파처럼 냉장고에 흔히 있는 재료는 기본 재료로 표시해 뒀습니다. 가성비와 실용성, 두 마리 토끼를 모두 잡을 수 있도록 구성한 목록이니 여러분의 요리에 도움이 되길 바랍니다.

장보기 꿀팁

① 주 1회 장보기 루틴 만들기
요리에 자주 사용하는 대파, 양파, 당근, 치즈, 고기 같은 기본 재료들은 일주일에 한 번, 주말에 함께 구매합니다.

② 추가로 필요한 재료들은 그날그날 소량 구매하기
음식을 만들다 보면 그때그때 추가로 필요한 재료들이 생길 수 있는데, 이런 재료들은 필요할 때 적정량만 구매합니다. 이 방법을 통해 재료의 신선도를 유지하고 충동 구매와 낭비를 막을 수 있습니다.

③ 온라인 장보기 적극 활용하기
대량으로 필요한 제품들은 온라인으로 구매합니다. 오프라인보다 가격이 훨씬 저렴하고 가격 비교가 쉽고 빨라 생활비 절감 효과가 커요.

④ 적립과 할인 꼼꼼히 챙기기
앱으로 주문하면 등급별 할인 쿠폰 또는 통신사 제휴 할인 등의 다양한 혜택을 받을 수 있어요. 마찬가지로 생활비 절감에 큰 도움을 줄 수 있습니다.

Week 1

	메뉴	재료	수량	금액	구매처
아침	단백질 폭탄 달걀밥	두부	1모	1,280원	GS더프레시
	순두부 그라탕	순두부	1모	990원	
		스위트콘	1캔(340g)	1,980원	
	에그인헬	토마토 소스	1봉지(150g)	1,800원	
		우유	1팩(200ml)	1,080원	
	순두부 비빔밥	순두부	1모	990원	
	명란 비빔밥	백명란	1팩(100g)	5,980원	
		양배추 슬라이스	1팩(100g)	1,980원	
	양배추 샤브찜	샤브용 소고기	1팩(500g)	11,850원	쿠팡
		양배추 슬라이스	1팩(100g)	1,980원	
	콩나물 덮밥	콩나물	1봉지(500g)	2,600원	GS더프레시
		팽이버섯	1봉지	680원	
	합계			33,190원	

일러두기 | 책에 수록된 제품의 가격은 2025년 7월 기준으로 작성되었습니다. 변동 여부에 따라 실제 가격은 책의 내용과 다를 수 있음을 밝힙니다.

Intro

	메뉴	재료	수량	금액	구매처
점심	○ 매콤 팽이버섯 덮밥	팽이버섯	1봉지	680원	GS더프레시
	○ 부추 참치 비빔밥	부추	1봉지	3,480원	
		참치	1캔(90g)	2,450원	
	○ 매콤 만두밥	냉동 만두	2봉지	7,980원	
	○ 표고버섯 파스타	표고버섯	1팩(150g)	3,480원	
		스파게티 면	500g	2,980원	
	○ 김치볶음밥		기본 재료 사용		
	○ 양송이 치즈구이	양송이버섯	2팩	8,960원	GS더프레시
	○ 양배추 가브리살찜	가브리살	1팩	10,010원	쿠팡
		양배추 슬라이스	1팩(100g)	1,980원	GS더프레시
	합계			42,000원	
저녁	○ 떡만둣국	떡국떡	1봉지(1kg)	5,180원	GS더프레시
		냉동 만두	1주차 점심 재료 사용		
	○ 애호박 덮밥	애호박	1개	1,980원	
	○ 매콤 샤브	콩나물	1봉지(600g)	1,680원	
		샤브용 소고기	1팩(500g)	13,900원	
	○ 애호박 간장 국수	애호박	1개	1,980원	
		참치	1캔(90g)	2,450원	
	○ 고기 순두부장	우삼겹	600g	13,900원	
		순두부	1모	990원	
	○ 식빵 피자	식빵	1봉지(400g)	1,880원	
		비엔나 소시지	1봉지(410g)	4,980원	
		스위트콘	1캔(340g)	1,980원	
	○ 1인 샤브	샤브용 소고기	1주차 저녁 재료 사용		
		두부	1모	1,280원	
		양배추 슬라이스	1팩(100g)	1,980원	
	합계			54,160원	

Week 2

	메뉴	재료	수량	금액	구매처
아침	콘치즈 참치 덮밥	스위트콘	1캔(340g)	1,980원	GS더프레시
		참치	1캔(90g)	2,450원	
	오트밀 참치죽	오트밀	1개(500g)	7,160원	
		참치	1캔(90g)	2,450원	
	새송이 스팸 덮밥	미니 새송이버섯	1팩(400g)	2,980원	
		스팸	1캔(200g)	3,720원	
	참치 순두부	순두부	1모	990원	
		참치	1캔(90g)	2,450원	
	스팸 김치볶음밥	스팸	1캔(200g)	3,720원	
	양배추 참치 덮밥	양배추 슬라이스	1팩(100g)	1,980원	
		참치	1캔(90g)	2,450원	
	들기름 두부김치	두부	1모	1,280원	
	합계			33,610원	
점심	학교 앞 떡볶이	떡볶이 떡	600g	2,680원	GS더프레시
		어묵	1봉지(200g)	1,880원	
	불닭 리조또	팽이버섯	1봉지	680원	
	라이스페이퍼 달걀볶이	라이스페이퍼	1봉지	1,900원	
	토마토 달걀 볶음	방울토마토	1팩	7,900원	
	크림치즈 우동	우동사리면	1팩(4개입)	4,730원	
		생크림	1팩(200ml)	3,190원	
		베이컨	2팩	4,980원	
	갈릭 스파게티	스파게티 면	500g	2,980원	
	방울토마토 소시지 덮밥	애호박	1개	1,980원	
		비엔나 소시지	1봉지(410g)	4,980원	
		방울토마토	1팩	7,900원	
	합계			45,780원	

Intro

	메뉴	재료	수량	금액	구매처
저녁	○ 새우 야채죽	새우	1봉지(350g)	11,900원	GS더프레시
		당근	1개	2,980원	
	○ 크래미 오트밀죽	오트밀	2주차 아침 재료 사용		
		크래미	1개	1,480원	
	○ 소보로밥	두부	1모	1,280원	
	○ 유부 덮밥	유부	1봉지	3,380원	
	○ 새우 딤섬	라이스페이퍼	1봉지	1,900원	
		새우	1봉지(350g)	11,900원	
	○ 순두부장	순두부	1모	990원	
	○ 옥수수밥	옥수수	2개	5,600원	
합계				41,410원	

Week 3

	메뉴	재료	수량	금액	구매처
아침	o 토마토 마리네이드	방울토마토	1팩	7,900원	GS더프레시
	o 느타리버섯 덮밥	느타리버섯	1팩	1,980원	
	o 마녀수프	토마토	1팩	7,900원	
		새우	2주차 저녁 재료 사용		
	o 명란 달걀 덮밥	백명란	1팩(100g)	5,980원	
	o 양송이 리조또	양송이버섯	1팩(150g)	3,980원	
		우유	1팩(200ml)	1,080원	
	o 파송송 달걀밥	기본 재료 사용			
	o 달걀 토스트	식빵	1봉지(400g)	1,980원	
	합계			30,800원	
점심	o 제육맛 밥	콩나물	1봉지(600g)	1,680원	GS더프레시
		우삼겹	1주차 저녁 재료 사용		
	o 순두부 조림	순두부	1모	990원	
	o 새우 비빔밥	새우	1봉지(350g)	11,900원	
		표고버섯	1팩(150g)	2,480원	
	o 고기국수	우삼겹	1주차 저녁 재료 사용		
		소면	500g	4,100원	
	o 매콤 애참양 덮밥	애호박	1개	1,980원	
		양배추	1/2통	3,100원	
		참치	1캔(90g)	2,450원	
	o 로제 떡볶이	떡볶이 떡	600g	2,680원	
		어묵	1봉지(200g)	1,880원	
		우유	1팩(200ml)	1,080원	
		비엔나 소시지	1봉지(410g)	4,980원	
	o 팽이버섯 덮밥	두부	1모	1,280원	
	합계			40,580원	

Intro

	메뉴	재료	수량	금액	구매처
저녁	○ 순두부 달걀찜	순두부	1모	990원	GS더프레시
	○ 우삼겹 고추장밥	우삼겹	600g	13,900원	
	○ 불닭 스파게티	스파게티 면	500g	2,980원	
	○ 순두부 카레	순두부	1모	990원	
		카레 가루	1봉지	1,990원	
	○ 베이컨 양배추 덮밥	베이컨	1팩(160g)	4,980원	
		양배추	1/2통	3,100원	
	○ 고기 우동 볶음	우삼겹	600g	13,900원	
		우동사리면	1팩(4개입)	4,730원	
	○ 버터김 파스타	스파게티 면	500g	2,980원	
	합계			50,540원	

Week 4

	메뉴	재료	수량	금액	구매처
아침	○ 라따뚜이	애호박	1개	1,980원	GS더프레시
		토마토	1팩	7,900원	
		가지	2개	3,000원	
	○ 참치 김치죽	참치	1캔(90g)	2,450원	
	○ 양념 치킨맛 밥	팽이버섯	1봉지	680원	
	○ 들깨 양배추 무침	양배추	1/2통	3,100원	
	○ 고추참치 비빔밥	고추참치	1캔(90g)	2,450원	
	○ 두부 달걀찜	두부	1모	1,280원	
	○ 오트밀 들깨죽	오트밀	1개(500g)	7,160원	
	합계			30,000원	
점심	○ 순두부 찜닭	순두부	1모	990원	GS더프레시
		닭가슴살 소시지	1개(6개입)	14,420원	
		컵누들	작은 컵	1,690원	
	○ 가지 비빔밥	가지	2개	3,000원	
	○ 마라샹궈	우삼겹	3주차 저녁 재료 사용		
		청경채	1봉지	2,180원	
		팽이버섯	1봉지	680원	
		컵누들	작은 컵	1,690원	
	○ 불닭 치즈밥	기본 재료 사용			
	○ 스팸 파스타	스파게티 면	500g	2,980원	
		스팸	2캔	7,440원	
	○ 방울토마토 스파게티	방울토마토	1팩	7,900원	
		스파게티 면	4주차 점심 재료 사용		
		양송이버섯	1팩(150g)	3,980원	
	○ 간장 달걀밥	기본 재료 사용			
	합계			46,950원	

Intro

	메뉴	재료	수량	금액	구매처
저녁	○ 애호박 새우 파스타	스파게티 면	500g	2,980원	GS더프레시
		새우	1봉지(350g)	11,900원	
		애호박	1개	1,980원	
	○ 불닭 만두밥	냉동 만두	2봉지	7,980원	
	○ 새우 우동 볶음	새우	4주차 저녁 재료 사용		
		우동사리면	1팩(4개입)	4,730원	
	○ 집코바	닭가슴살	4개	9,140원	
	○ 순대볶음	순대	1봉지	3,690원	
		양배추	1/2통	3,100원	
	○ 순두부 불닭 치즈	순두부	1모	990원	
	○ 스팸 달걀 덮밥	스팸	2캔	7,440원	
	합계			53,930원	

초간단 숟가락 계량법

쉽고 편한 요리를 위해 숟가락 계량을 활용했습니다. 고기나 채소, 두부처럼 양을 쉽게 파악할 수 있는 재료는 개수로 표기했으니 참고해 주세요.

27

Week 1

단백질 폭탄 달걀밥
순두부 그라탕
에그인헬
순두부 비빔밥
명란 비빔밥
양배추 샤브찜
콩나물 덮밥

Week 2

콘치즈 참치 덮밥
오트밀 참치죽
새송이 스팸 덮밥
참치 순두부
스팸 김치볶음밥
양배추 참치 덮밥
들기름 두부김치

Week 3

토마토 마리네이드
느타리버섯 덮밥
마녀수프
명란 달걀 덮밥
양송이 리조또
파송송 달걀밥
달걀 토스트

Week 4

라따뚜이
참치 김치죽
양념 치킨맛 밥
들깨 양배추 무침
고추참치 비빔밥
두부 달걀찜
오트밀 들깨죽

Part 1

3만 원으로 쉽게 만드는
일주일 아침

Week 1

단백질 폭탄 달걀밥

단백질 함량이 높은 두부와 달걀이 주재료라 밥심으로 사는 한국인에게 딱 맞는 요리입니다. 담백한 두부와 부드러운 달걀이 어우러져 든든한 한 끼를 먹을 수 있어요! 아이부터 어른까지 누구나 좋아하고 김치를 곁들이면 밥도둑이 따로 없습니다.

● 재료 (1인분)

밥 1/2공기, 두부 1/2모, 달걀 1개, 대파 적당량, 소금 1/2큰술, 후추 약간, 참기름 1/2큰술, 통깨 약간

● 만드는 법

1 전자레인지 용기에 밥과 두부를 넣어요.
2 소금과 후추를 넣어 간을 하고 잘게 썬 대파와 달걀을 올려요.
3 모든 재료를 잘 섞어줘요.
4 전자레인지에 3분 돌려요.
5 참기름과 통깨를 얹으면 완성입니다.

순두부 그라탕

부드러운 순두부에 토마토 소스와 치즈를 올려 만든 한식과 양식을 결합한 느낌의 요리예요. 감칠맛이 풍부한 토마토 소스와 부드러운 순두부를 한입에 넣으면 입안에서 사르르 녹는 맛있는 한 끼를 먹을 수 있어요.

● 재료 (1인분)

순두부 1/2모, 달걀 1개, 토마토 소스 5큰술(시판용), 슬라이스 모차렐라 치즈 1장

● 만드는 법

1 전자레인지 용기에 순두부를 넣고 숭덩숭덩 썰어요.
2 달걀을 넣고 노른자를 포크로 찔러 터트려요.
3 토마토 소스를 넣어요.
4 모차렐라 치즈를 올려요.
5 전자레인지에 5분 돌려 완성합니다.

Week 1
에그인헬

1

3

4

에그인헬은 토마토 소스에 달걀을 넣어 익힌 요리예요. 세계적으로 사랑받는 요리이자 SNS를 통해 유명해진 브런치 메뉴 중 하나예요. 그냥 먹어도 맛있지만 구운 빵에 올려 먹으면 포만감을 느낄 수 있어요.

● 재료 (1인분)

달걀 2개, 토마토 소스 10큰술(시판용), 우유 2큰술, 소금 1/2큰술, 후추 약간, 슬라이스 모차렐라 치즈 1장, 파슬리 가루 약간

● 만드는 법

1. 전자레인지 용기에 토마토 소스를 넣어요.
2. 우유, 소금, 후추를 넣어요.
3. 달걀을 넣고 노른자를 포크로 찔러 터트려요.
4. 모차렐라 치즈를 올려요.
5. 전자레인지에 5분 돌려요.
6. 파슬리 가루를 뿌려 마무리해요.

순두부 비빔밥

매콤한 고춧가루와 알싸한 마늘이 들어가 한식을 좋아한다면 누구나 맛있게 먹을 수 있어요. 입안에서 사르르 녹는 부드러운 순두부에 고소하고 담백한 맛이 추가되어 부담 없고 속이 편한 요리입니다.

● **재료** (1인분)

밥 1/2공기, 순두부 1/2모, 달걀 1개, 다진 마늘 1/2큰술, 고춧가루 1큰술, 양조간장 2큰술, 알룰로스 1큰술, 참기름 1큰술, 조미김 2장

● **만드는 법**

1 전자레인지 용기에 밥과 순두부를 넣고 숭덩숭덩 썰어요.
2 다진 마늘과 고춧가루, 양조간장, 알룰로스, 참기름을 넣어요.
3 달걀을 넣고 노른자를 포크로 찔러 터트려요.
4 전자레인지에 5분 돌려요.
5 김을 잘라 올리고 밥과 함께 비벼요.

Week 1

명란 비빔밥

짭조름한 명란에 밥과 양배추를 넣어 비린내 없이 감칠맛 가득한 명란 비빔밥을 만들었어요. 입맛 없을 때 먹으면 술술 잘 들어가요. 명란이 들어가 고급스럽고 집에 손님이 왔을 때 내놓기 좋은 특별한 음식입니다.

● 재료 1인분

밥 1공기, 명란 2개, 채 썬 양배추 1줌, 달걀 노른자 1개, 대파 약간, 고춧가루 1큰술, 참기름 1큰술, 알룰로스 1큰술, 김가루 적당량

● 만드는 법

1. 칼로 명란을 갈라 알을 긁어낸 후 빈 그릇에 담아요.
2. 명란 위에 잘게 썬 대파와 고춧가루, 참기름, 알룰로스를 넣어요.
3. 전자레인지 용기에 밥과 양배추를 넣어요.
4. 따로 담아뒀던 2를 밥 위에 올려요.
5. 전자레인지에 4분 돌려요.
6. 김가루와 달걀 노른자를 올려 마무리해요.

양배추 샤브찜

아삭하고 부드러운 식감의 양배추와 샤브용 고기를 넣어 만든 찜 요리예요. 소스를 새콤하게 만들어 양배추와 고기 특유의 비린 맛을 줄였습니다. 만드는 과정은 간단하지만 맛은 간단하지 않은 근사한 요리입니다!

● 재료 (1인분)

샤브용 소고기 2장(40g), 채 썬 양배추 2줌, 다진 양파 적당량, 청양고추 적당량, 맛술 1큰술, 진간장 3큰술, 식초 1큰술, 설탕 1큰술, 참기름 1큰술

● 만드는 법

1. 전자레인지 용기에 양배추를 넣어요.
2. 양배추 위에 소고기를 올린 후 맛술을 넣어요.
3. 전자레인지에 5분 돌려요.
4. 빈 그릇에 양파, 잘게 썬 청양고추, 진간장, 식초, 설탕, 참기름을 넣어 소스를 만들어요.

콩나물 덮밥

콩나물의 아삭한 식감과 짭조름하고 달달한 맛이 어우러졌어요. 청양고추가 들어가 알싸한 매운맛이 입안 가득 퍼지면서 혀를 자극하기 때문에 물리지 않고 계속 먹게 되는 매력이 있습니다.

● 재료 (1인분)

밥 1공기, 콩나물 1줌, 팽이버섯 1/3봉, 청양고추 1개, 대파 약간, 고춧가루 1큰술, 진간장 2큰술, 알룰로스 1큰술, 참기름 1큰술, 통깨 약간

● 만드는 법

1. 전자레인지 용기에 밥과 콩나물을 올려요.
2. 팽이버섯을 한입 크기로 썰어 밥 위에 올려요.
3. 전자레인지에 4분 돌려요.
4. 빈 그릇에 다진 청양고추와 대파, 고춧가루, 진간장, 알룰로스, 참기름을 넣고 양념장을 만들어요.
5. 양념장을 밥 위에 올려 비빈 후 통깨를 뿌려 마무리해요.

콘치즈 참치 덮밥

2

3

4

매콤, 달콤, 짭짤한 맛이 모두 담긴 요리예요. 고추장의 매콤함은 한국인의 입맛에 딱 맞고 한입 먹을 때마다 씹히는 스위트콘의 식감이 좋아요. 미리 만들어 뒀다가 다음 날 도시락으로 챙겨 가기 좋은 메뉴입니다.

● 재료 (1인분)

밥 1/2공기, 참치 1캔, 고추장 1큰술, 알룰로스 1큰술, 토마토케첩 1큰술, 스위트콘 4큰술, 피자 치즈 30g

● 만드는 법

1 전자레인지 용기에 밥을 넣어요.
2 기름을 뺀 참치를 밥 위에 올려요.
3 고추장, 알룰로스, 토마토케첩, 스위트콘을 넣어요.
4 피자 치즈를 넣고 전자레인지에 3분 돌려요.

Week 2
오트밀 참치죽

오트밀 참치죽은 소화가 잘되고 포만감이 높아 아침 식사나 다이어트 식단으로 활용하기 좋아요. 쌀밥을 넣어 만든 죽보다 담백한데, 물 대신 두유나 우유를 넣으면 더욱 부드럽고 고소한 오트밀 참치죽을 만들 수 있어요.

● 재료 (1인분)

오트밀 5큰술, 캔참치 2큰술, 달걀 1개, 물 100ml, 소금 1/2큰술, 후추 약간

● 만드는 법

1 전자레인지 용기에 오트밀을 넣어요.
2 달걀을 넣고 오트밀과 골고루 섞어줘요.
3 기름을 뺀 참치를 넣어요.
4 물을 붓고 소금과 후추로 간을 해요.
5 전자레인지에 3분 돌려요.

Week 2

새송이 스팸 덮밥

간장과 토마토케첩으로 만든 새콤달콤한 간단 요리예요. 냉장고에서 쉽게 찾을 수 있는 재료로 만들어 간단히 먹기 좋아요. 달걀프라이나 반숙을 올려 먹으면 더 맛있는 덮밥이 완성됩니다.

● 재료 (1인분)

밥 1공기, 새송이버섯 1/2개, 스팸 1/3개, 대파 적당량, 진간장 1큰술, 알룰로스 1/2큰술, 토마토케첩 1큰술, 통깨 약간

● 만드는 법

1 전자레인지 용기에 밥을 넣어요.
2 새송이버섯과 스팸을 깍둑썰기한 후 밥 위에 올려요.
3 진간장, 알룰로스, 토마토케첩을 넣어요.
4 대파를 잘게 썰어 넣고 전자레인지에 2분 돌려요.
5 전체적으로 잘 섞어주고 추가로 2분 돌려요.
6 통깨를 뿌려 마무리해요.

참치 순두부

덮밥 같기도, 국물 요리 같기도 한 음식입니다. 따뜻하게 먹으면 순두부의 부드러움이 속을 편하게 해줘서 해장용으로 좋아요. 밥과 함께 먹으면 든든한 한 끼 식사가 됩니다.

● 재료 (1인분)

순두부 1/2모, 캔참치 3큰술, 달걀 1개, 고추장 1큰술, 고춧가루 1큰술

● 만드는 법

1 전자레인지 용기에 순두부를 넣고 숭덩숭덩 썰어요.
2 달걀을 넣고 노른자를 살짝 터트려요.
3 기름을 뺀 참치와 고추장, 고춧가루를 넣어요.
4 전자레인지에 5분 돌려 마무리해요.

스팸 김치볶음밥

Week 2

짭조름한 스팸과 매콤한 김치를 주재료로 만들었어요. 일반적인 김치볶음밥과 달리 토마토케첩이 들어가 새콤달콤한 맛이 더 느껴져요. 젊은 세대에게 사랑을 받는 레시피입니다.

● 재료 (1인분)

밥 1/2공기, 잘게 썬 김치 3큰술, 스팸 1/3개, 참기름 1큰술, 설탕 1큰술, 토마토케첩 1큰술, 고추장 1큰술, 스위트콘 3큰술, 피자 치즈 30g, 파슬리 가루 약간

● 만드는 법

1 전자레인지 용기에 참기름을 넓게 펴 발라요.
2 밥과 김치, 깍둑썰기한 스팸을 넣어요.
3 설탕, 토마토케첩, 고추장을 넣어요.
4 스위트콘을 넣고 밥과 함께 비벼요.
5 피자 치즈를 올린 후 전자레인지에 3분 돌려요.
6 파슬리 가루를 뿌려 마무리해요.

3

4

5

양배추 참치 덮밥

참치와 양배추를 주재료로 사용했어요. 고추장 대신 굴소스와 참치액젓으로 간을 해 담백합니다. 참기름을 추가로 넣거나 달걀을 올려 먹으면 고소하고 영양가 높은 덮밥을 완성할 수 있어요.

● 재료 (1인분)

밥 1공기, 채 썬 양배추 1줌, 캔참치 2큰술, 달걀 1개, 참치액젓 1큰술, 굴소스 1큰술, 참기름 1큰술, 통깨 약간

● 만드는 법

1 전자레인지 용기에 밥과 양배추를 넣어요.
2 기름을 뺀 참치와 참치액젓, 굴소스를 얹어요.
3 빈 그릇에 달걀을 넣고 풀어준 후 밥 위에 올려요.
4 전자레인지에 4분 돌려요.
5 참기름과 통깨를 넣으면 완성입니다.

Week 2 들기름 두부김치

주부들의 고민거리인 반찬! 두부와 김치만 있으면 맛있는 반찬을 5분 안에 뚝딱 만들 수 있어요. 김치를 씻어 넣어 담백하고, 편식하는 아이도 두부를 으깨 넣어주면 가리지 않고 잘 먹어요.

● 재료 (1인분)

두부 1/2모, 잘게 썬 김치 1줌, 다진 마늘 1/2큰술, 들기름 1큰술, 알룰로스 1큰술, 진간장 1큰술, 통깨 약간

● 만드는 법

1. 전자레인지 용기에 두부를 넣고 2분 돌려요.
2. 두부에서 나온 물을 버려줘요.
3. 두부를 으깬 후 나온 물을 한 번 더 버려요.
4. 김치는 물에 씻고 물기를 꼭 짠 후 두부 위에 올려요.
5. 다진 마늘과 들기름, 알룰로스, 진간장을 넣어요.
6. 통깨를 뿌려 마무리해요.

3

4

Week 3

토마토 마리네이드

방울토마토를 올리브유와 양파에 절여 만든 가볍고 산뜻한 요리예요. 일반 올리브유보다 풍미가 더 좋은 엑스트라버진 올리브유 사용을 추천해요. 기호에 따라 다진 마늘이나 바질, 허브를 넣어 먹어도 좋아요.

● 재료 (1인분)

방울토마토 9~10개, 물 100ml, 양파 1/3개, 올리브유 6큰술, 레몬즙 1큰술, 설탕 1큰술, 소금 1/2큰술, 후추 약간, 파슬리 가루 약간

● 만드는 법

1 방울토마토 윗부분에 십자 모양의 칼집을 내요.
   Tip 토마토가 흐트러지지 않게 칼집을 얇게 내주세요!

2 뜨거운 물을 붓고 전자레인지에 2분 돌려요.
3 찬물에 방울토마토를 넣어 식힌 후 껍질을 벗겨요.

4 잘게 썬 양파와 올리브유, 레몬즙, 설탕, 소금, 후추를 넣어요.
5 파슬리 가루를 뿌려 마무리해요.

느타리버섯 덮밥

Week 3

낮은 칼로리지만 포만감 있는 덮밥이에요. 식이섬유가 풍부한 느타리버섯의 쫄깃하고 탱탱한 식감은 고기를 대신할 만큼 맛있어요. 버섯 자체에 감칠맛이 있어 간장 베이스의 양념과 만나면 더욱 풍부한 맛이 납니다.

● 재료 (1인분)

밥 1공기, 느타리버섯 2줌, 양파 1/3개, 진간장 2큰술, 굴소스 1/2큰술, 알룰로스 1큰술, 참기름 1큰술

● 만드는 법

1. 전자레인지 용기에 밥을 넣어요.
2. 얇게 채 썬 양파를 얹어요.
3. 느타리버섯을 흐르는 물에 깨끗이 씻은 후 넣어요.
   TIP 크기가 큰 버섯은 손으로 얇게 찢어 주세요!
4. 진간장과 굴소스, 알룰로스, 참기름을 넣어요.
5. 전자레인지에 4분 돌려 마무리해요.

Week 3

마녀수프

토마토 소스를 베이스로 한 채소 수프라 칼로리가 낮고 속이 편안해요. 재료에 구애받지 않고 좋아하는 채소를 넣는 재미가 있습니다. 먹을수록 깊어지는 풍미에 몸이 가벼워지는 느낌이 들어요.

● 재료 (1인분)

새송이버섯 1개, 양파 1개, 애호박 1/4개, 토마토 1개, 새우 3마리, 토마토 소스 5큰술(시판용), 소금 1/2큰술, 피자 치즈 15g

● 만드는 법

1. 전자레인지 용기에 새송이버섯과 양파 1/2개, 애호박을 한입 크기로 잘라 넣어요.
2. 믹서기에 토마토와 나머지 양파, 토마토 소스, 소금을 넣고 갈아 준 후 채소 위에 올려요.
3. 새우를 흐르는 물에 깨끗하게 씻은 후 꼬리를 제거해요.
4. 새우를 넣고 전자레인지에 5분 돌려요.
5. 피자 치즈를 올리고 전자레인지에 2분 돌려 마무리해요.

명란 달걀 덮밥

부드럽게 풀어낸 달걀과 짭짤한 명란이 만났어요. 고소한 참기름 향이 어우러진 간단 요리지만 깊은 맛이 우러납니다. 마늘의 은은한 향과 고춧가루의 감칠맛이 매력적인 맛있는 한 끼 식사예요.

● 재료 (1인분)

밥 1공기, 명란 2개, 달걀 1개, 다진 마늘 1큰술, 고춧가루 1큰술, 참기름 2큰술, 통깨 약간

● 만드는 법

1 전자레인지 용기에 밥과 껍질을 벗긴 명란을 넣어요.
2 달걀을 풀어 넣어요.
3 다진 마늘과 고춧가루, 참기름을 넣어요.
4 전자레인지에 3분 돌린 후 잘 비벼줘요.
5 참기름과 통깨를 올려 마무리해요.

Week 3 양송이 리조또

부드럽고 꾸덕한 리조또에 양송이버섯을 가득 넣었더니 영양가 높은 한 끼 식사가 완성되었어요. 육즙이 풍부한 비엔나 소시지를 얇게 썰어 넣어 짭짤함과 감칠맛, 고소함이 한번에 느껴져요. 아이들도 잘 먹는 메뉴입니다.

● 재료 (1인분)

밥 1/2공기, 양송이버섯 4개, 양파 1/3개, 비엔나 소시지 4~5개, 우유 100ml, 버터 1조각(15g), 굴소스 1큰술, 후추 약간, 슬라이스 모차렐라 치즈 1장

● 만드는 법

1 전자레인지 용기에 밥과 잘게 썬 양파를 넣어요.
2 비엔나 소시지를 얇게 썰어 넣어요.
3 양송이버섯 3개는 깍둑 썰어 넣고 1개는 얇게 썰어 올려요.
4 우유와 버터, 굴소스, 후추를 넣고 모차렐라 치즈를 올려요.
5 전자레인지에 5분 돌려 마무리해요.

Week 3

파송송 달걀밥

쉽게 구할 수 있는 재료를 사용해 누구나 간단하게 만들 수 있어요. 맛이 구수하고 편안해 언제든 먹기 좋아요. 따뜻한 밥과 간장, 달걀, 파가 들어있어 짭짤하고 달큰한 맛을 한번에 느낄 수 있습니다.

● 재료 (1인분)

밥 1공기, 달걀 1개, 양파 1/3개, 다진 마늘 1큰술, 대파 약간, 물 1/2컵, 고춧가루 1/2큰술, 진간장 3큰술, 참기름 1큰술, 설탕 1큰술

● 만드는 법

1. 전자레인지 용기에 밥을 넣어요.
2. 다진 마늘과 고춧가루, 진간장, 참기름, 설탕을 넣어요.
3. 양파와 대파를 잘게 썰어 넣고 잘 비벼줘요.
4. 따로 준비한 전자레인지 용기에 물과 달걀을 넣고 노른자를 살짝 터트려요.
5. 전자레인지에 1분 30초 돌린 후 밥 위에 올려 마무리해요.

달걀 토스트

Week 3

일반적인 토스트와 다르게 겉은 바삭, 속은 촉촉한 달걀 토스트입니다. 단맛과 짠맛, 고소한 맛이 고루 느껴지는 요리예요. 커피나 우유와 잘 어울리는 맛있는 토스트를 간단하게 만들어보세요.

● **재료** (1인분)

식빵 1장, 달걀 1개, 마요네즈 3큰술, 설탕 1큰술, 파슬리 가루 약간

● **만드는 법**

1. 식빵에 마요네즈를 얇게 펴 발라요.
2. 설탕을 골고루 뿌린 후 테두리에 마요네즈를 둘러요.
3. 가운데에 달걀을 넣고 노른자를 포크로 터트려요.
   Tip 마요네즈 밖으로 달걀이 흐르지 않게 주의하세요!
4. 전자레인지에 2분 돌려요.
5. 파슬리 가루를 뿌려 마무리해요.

라따뚜이

라따뚜이는 프랑스 남부 지방의 전통 요리예요. 토마토와 채소를 갈아 만든 소스가 들어간 건강한 스튜입니다. 토마토, 가지, 애호박 등 채소 본연의 재료가 만드는 조화로운 맛을 느껴보세요.

● 재료 (1인분)

토마토 2개, 애호박 1/3개, 가지 1/2개, 양파 1/2개, 토마토 소스 5큰술(시판용), 피자 치즈 15g, 파슬리 가루 약간

● 만드는 법

1. 토마토 1개, 애호박, 가지를 1cm 크기로 썰어 순서대로 담아요.
2. 믹서기에 나머지 토마토와 양파, 토마토 소스를 넣고 갈아준 후 채소 위에 부어요.
3. 피자 치즈를 올린 후 전자레인지에 5분 돌려요.
4. 파슬리 가루를 뿌려 마무리해요.

참치 김치죽

매콤한 김치와 고소한 참치가 들어가 없던 입맛도 살아나는 맛입니다. 국물 요리를 좋아한다면 물을 추가해 주세요. 입맛대로 취향에 맞게 만들어 먹기 좋은 간단 요리입니다.

● 재료 (1인분)

밥 1공기, 잘게 썬 김치 2큰술, 캔참치 2큰술, 달걀 1개, 물 100ml, 다진 마늘 1큰술, 국간장 1/2큰술, 멸치액젓 1/2큰술, 소금 1/2큰술, 후추 약간, 참기름 약간

● 만드는 법

1 전자레인지 용기에 밥을 넣어요.
2 김치와 다진 마늘, 국간장, 멸치액젓, 소금, 후추를 넣어요.
3 기름을 뺀 참치와 달걀, 물을 넣고 골고루 섞어요.
4 전자레인지에 4분 돌려요.
5 참기름을 넣어 마무리해요.

양념 치킨맛 밥

치킨 대신 칼로리가 낮은 새송이버섯으로 만든 요리예요. 양념 치킨의 매콤달콤한 소스가 밥에 잘 스며들어 치밥 같은 맛을 냅니다. 평소 치킨에 밥 비벼 먹는 걸 좋아한다면 버섯으로 만든 건강한 치밥을 만들어보세요.

● 재료 (1인분)

밥 1공기, 새송이버섯 1개, 달걀 1개, 다진 마늘 1큰술, 고추장 1/2큰술, 고춧가루 1큰술, 양조간장 1큰술, 스리라차 소스 1큰술, 알룰로스 4큰술, 통깨 약간

● 만드는 법

1 전자레인지 용기에 밥과 깍둑썰기한 새송이버섯을 넣어요.
2 다진 마늘과 고추장, 고춧가루, 양조간장, 스리라차 소스, 알룰로스를 넣고 비벼요.
3 달걀을 넣고 노른자를 포크로 찔러 터트려요.
4 전자레인지에 4분 돌린 후 통깨를 뿌려 마무리해요.

Week 4
들깨 양배추 무침

양배추의 은은한 단맛과 들깻가루의 고소하고 담백한 맛이 어우러져 입맛 없을 때 간단히 먹기 좋아요. 자극적이지 않고 가벼워 식단 관리용으로 좋습니다. 고소하고 담백한 음식이 당길 때 먹으면 딱 좋아요!

● 재료 (1인분)

채 썬 양배추 2줌, 들깻가루 1/2큰술, 다진 마늘 1/2큰술, 소금 1/2큰술, 참기름 1큰술, 통깨 약간

● 만드는 법

1. 양배추를 용기에 넣어요.
2. 전자레인지에 3분 돌린 후 나온 물을 버립니다.
3. 들깻가루와 다진 마늘, 소금, 참기름, 통깨를 넣고 비벼요.

고추참치 비빔밥

기본적인 고추참치 비빔밥에 양파를 넣어 씹는 식감을 더하고, 청양고추를 넣어 매콤함을 추가했어요. 여기에 참기름을 얹어 고소함을 더했습니다! 한층 업그레이드 된 맛있는 비빔밥을 만들어보세요.

● 재료 (1인분)

밥 1공기, 고추참치 1캔, 양파 1/3개, 청양고추 1개, 참기름 1큰술

● 만드는 법

1 전자레인지 용기에 밥을 넣어요.
2 양파는 깍둑 썰어 밥 위에 올려요.
3 잘게 썬 청양고추와 고추참치를 넣어요.
4 전자레인지에 2분 돌려요.
5 참기름을 넣어 마무리해요.

Week 4
두부 달걀찜

부드러운 두부와 고소한 달걀을 섞어 만든 영양 가득한 음식입니다. 다이어트 식단이나 아침 식사로 가볍게 먹기 좋아요. 밥과 함께 먹으면 든든한 포만감이 느껴지는 메뉴입니다.

● 재료 (1인분)

두부 1/2모, 달걀 1개, 청양고추 1개, 대파 약간, 물 2큰술, 소금 1/2큰술, 양조간장 2큰술, 참치액젓 1큰술, 알룰로스 1큰술, 참기름 1큰술, 통깨 약간

● 만드는 법

1. 전자레인지 용기에 으깬 두부와 달걀을 넣고 섞어줘요.
2. 소금을 넣고 전자레인지에 2분 돌린 후 잘 저어줍니다.
3. 다시 전자레인지에 2분 돌려요.
4. 빈 그릇에 잘게 썬 청양고추와 대파, 양조간장, 참치액젓, 알룰로스, 참기름, 물을 넣고 양념장을 만들어요.
5. 두부 위에 양념장을 붓고 통깨를 뿌려 마무리해요.

1

4

Week 4 오트밀 들깨죽

오트밀에 단백질이 많은 두부를 추가해 포만감을 높였습니다. 부드럽고 목 넘김이 좋아 아이부터 어른까지 누구나 먹기 좋고, 속을 편안하게 달래주어 아침 식사로 가볍게 먹기 좋아요.

● 재료 (1인분)

오트밀 5큰술, 두부 1/4모, 들깻가루 3큰술, 물 120ml, 진간장 1/2큰술, 참기름 2큰술, 통깨 약간

● 만드는 법

1. 전자레인지 용기에 오트밀과 으깬 두부를 넣어요.
2. 진간장, 들깻가루, 물, 참기름 1큰술을 넣어요.
3. 전자레인지에 넣고 3분 돌려요.
4. 나머지 참기름과 통깨를 넣어 마무리해요.

Week 1

매콤 팽이버섯 덮밥
부추 참치 비빔밥
매콤 만두밥
표고버섯 파스타
김치볶음밥
양송이 치즈구이
양배추 가브리살찜

Week 2

학교 앞 떡볶이
불닭 리조또
라이스페이퍼 달걀볶이
토마토 달걀 볶음
크림치즈 우동
갈릭 스파게티
방울토마토 소시지 덮밥

Week 3

제육맛 밥
순두부 조림
새우 비빔밥
고기국수
매콤 애참양 덮밥
로제 떡볶이
팽이버섯 덮밥

Week 4

순두부 찜닭
가지 비빔밥
마라샹궈
불닭 치즈밥
스팸 파스타
방울토마토 스파게티
간장 달걀밥

4만 원으로 해결하는
일주일 **점심**

Week 1
매콤 팽이버섯 덮밥

고추장과 스리라차 소스를 섞어 만들었어요. 알룰로스로 매운맛을 중화하고 참기름을 넣어 고소함을 더했어요. 오독오독 씹히는 식감과 소스의 달짝지근한 맛이 낙지볶음과 닮은 팽이버섯으로 만든 덮밥입니다!

● 재료 (1인분)

밥 1공기, 팽이버섯 1/2봉, 달걀 1개, 고추장 1큰술, 진간장 1/2큰술, 알룰로스 1큰술, 스리라차 소스 1/2큰술, 참기름 1/2큰술, 후추 약간, 통깨 약간

● 만드는 법

1. 전자레인지 용기에 밥과 한입 크기로 자른 팽이버섯을 넣어요.
2. 고추장, 진간장, 알룰로스, 스리라차 소스, 참기름, 후추를 넣어요.
3. 전자레인지에 2분 돌려요.
4. 달걀을 넣고 노른자를 터트린 후 전자레인지에 3분 돌려요.
5. 통깨를 뿌려 마무리해요.

부추 참치 비빔밥

Week 1

청양고추의 알싸한 매운맛과 스리라차 소스의 톡 쏘는 매콤함이 만났어요. 재료 본연의 향이 가득한 부추의 향긋한 맛이 느껴지고, 고소한 참치를 넣어 더욱 맛있는 비빔밥을 만들었습니다.

● 재료 (1인분)

밥 1/2공기, 부추 적당량, 캔참치 2큰술, 양파 1/3개, 달걀 2개, 청양고추 1개, 스리라차 소스 1큰술, 알룰로스 1큰술, 마요네즈 1큰술, 참기름 1큰술

● 만드는 법

1 전자레인지 용기에 밥과 한입 크기로 썬 양파, 부추를 넣어요.
2 기름을 뺀 참치와 달걀을 넣고 노른자를 살짝 터트려요.
3 스리라차 소스, 알룰로스, 마요네즈, 참기름을 넣고 전자레인지에 3분 돌린 후 잘게 썬 청양고추를 넣어요.
4 빈 용기에 물과 달걀을 넣고 노른자를 살짝 터트려요.
5 전자레인지에 1분 30초 돌린 후 밥 위에 올려 마무리해요.

1

3

Week 1

매콤 만두밥

만두는 대표적인 냉털 재료 중 하나죠. 든든한 밥에 고추장과 참기름을 넣어 비볐더니 매콤함과 고소한 육즙이 느껴지는 요리가 완성되었어요. 오늘 점심은 호불호 없이 맛있는 매콤 만두밥 어떠세요?

● 재료 (1인분)

밥 1공기, 냉동 만두 6개, 고추장 1큰술, 참기름 1큰술, 피자 치즈 30g

● 만드는 법

1. 전자레인지 용기에 밥을 넣어요.
2. 밥 위에 만두를 얹어요.
3. 전자레인지에 3분 돌리고 가위로 잘게 잘라줘요.
4. 고추장과 참기름을 넣고 잘 비벼줘요.
5. 피자 치즈를 올린 후 전자레인지에 2분 돌려 마무리해요.

표고버섯 파스타

고기 대신 표고버섯을 넣어 건강한 파스타를 만들었습니다. 얇게 썬 마늘을 함께 넣어 입맛을 돋우고, 치킨스톡으로 간을 해 고소한 감칠맛이 폭발하는 파스타예요. 계속 먹고 싶은 매력에 자꾸만 손이 갈 거예요.

● 재료 (1인분)

스파게티 면 100g, 표고버섯 1개, 마늘 5쪽, 물 250ml, 치킨스톡 1½큰술, 올리브유 1큰술, 소금 1/2큰술, 후추 약간

● 만드는 법

1 전자레인지 용기에 스파게티 면을 반으로 잘라 넣어요.
2 표고버섯과 마늘을 얇게 썰어 넣어요.
3 소금과 후추로 간을 하고 올리브유를 넣어요.
4 물을 붓고 전자레인지에 4분 돌린 후 뭉친 면을 풀어줘요.
5 전자레인지에 3분 돌리고 남은 물을 버려요.
6 치킨스톡을 넣고 잘 비벼줘요.

김치볶음밥

전자레인지 김치볶음밥은 기름 튈 걱정없이 간편하게 만들 수 있어요. 설탕 대신 알룰로스를 넣어 칼로리를 낮췄고, 쌀밥 대신 곤약밥이나 현미밥으로 만들면 관리 중에 먹어도 부담이 없어요.

● 재료 1인분

밥 1공기, 잘게 썬 김치 4큰술, 달걀 1개, 물 1/2컵, 알룰로스 1큰술, 굴소스 1큰술, 참기름 1큰술, 잘게 썬 쪽파 1큰술, 김가루 1큰술

● 만드는 법

1 전자레인지 용기에 김치와 알룰로스를 넣고 잘 섞어줘요.
2 전자레인지에 2분 돌린 후 밥과 굴소스, 참기름을 넣고 비벼요.
3 따로 준비한 용기에 물과 달걀을 넣어요.
4 노른자를 포크로 터트린 후 전자레인지에 1분 30초 돌려요.
5 완성된 수란과 쪽파, 김가루를 얹어 마무리해요.

양송이 치즈구이

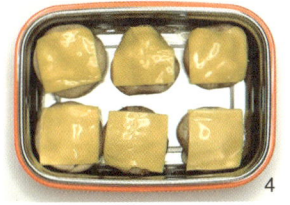

고소한 양송이버섯에 짭조름한 베이컨과 체다 치즈를 올려 구웠습니다. 조리 과정이 간단하지만 비주얼이 고급스러운 요리예요. 풍미가 좋아 브런치 메뉴로 먹거나 와인 안주로 곁들이기 좋습니다.

● 재료 (1인분)

양송이버섯 6개, 베이컨 1장, 캔참치 3큰술, 마요네즈 1큰술, 알룰로스 1큰술, 체다 치즈 1½장, 파슬리 가루 약간

● 만드는 법

1 꼭지를 제거한 양송이버섯을 용기에 담아요.
2 빈 그릇에 기름을 뺀 참치와 잘게 썬 베이컨, 마요네즈, 알룰로스를 넣고 섞어줘요.
3 버섯 꼭지 부분에 담고 전자레인지에 1분 돌려요.
4 체다 치즈를 네모 모양으로 자른 후 위에 올려요.
5 전자레인지에 1분 30초 돌린 후 파슬리 가루를 뿌려요.

Week 1
양배추 가브리살찜

양배추와 가브리살을 한번에 쪄서 간편하고, 조리 과정에서 고기 기름이 자연스럽게 빠진 건강한 요리입니다. 식단 관리를 할 때 먹기 좋아요. 달짝지근한 양념이 들어가 더욱 맛있어요.

● **재료** (1인분)

채 썬 양배추 2줌, 가브리살 6개(120g), 고추 1개, 양파 1/4개, 소금 1/2큰술, 후추 약간, 진간장 1큰술, 설탕 1큰술, 식초 1큰술

● **만드는 법**

1. 전자레인지 용기에 양배추를 넣어요.
2. 가브리살을 올린 후 소금, 후추를 넣어 간을 해요.
    Tip 고기가 서로 겹치지 않게 올려주세요!
3. 빈 그릇에 잘게 썬 고추와 양파, 진간장, 설탕, 식초를 넣어요.
4. 고기 위에 얹고 전자레인지에 7분 돌려 마무리해요.
    Tip 고기 상태를 확인하고 덜 익은 부분이 있다면 1분씩 추가로 돌려줘요!

Week 2

학교 앞 떡볶이

달짝지근한 국물 떡볶이가 아닌 짭조름한 감칠맛이 나는 어릴 적 학교 앞 분식점에서 먹던 떡볶이예요. 떡과 어묵, 대파를 숟가락에 얹어 한입 가득 먹으면 더 맛있어요!

● 재료 (1인분)

떡볶이 떡 10개, 어묵 1장, 대파 적당량, 물 70ml, 고추장 1큰술, 고춧가루 1큰술, 설탕 1큰술, 알룰로스 1큰술, 진간장 1큰술

● 만드는 법

1. 전자레인지 용기에 고추장, 고춧가루, 설탕, 알룰로스, 진간장, 물을 넣고 잘 섞어줘요.
2. 떡을 물에 헹군 후 용기에 담아요.
3. 어묵과 대파를 한입 크기로 썰어 넣고 재료를 양념과 섞어줘요.
4. 전자레인지에 3분 돌려 마무리해요.

Week 2 불닭 리조또

부드럽고 꾸덕한 리조또와 자극적인 불닭 소스가 만났어요. 입에 넣자마자 화끈한 맛이 느껴지지만 우유와 체다 치즈가 매운맛을 희석해줘서 먹으면 먹을수록 더 당기는 매력적인 리조또예요.

● 재료 (1인분)

밥 1공기, 불닭 소스 1큰술(시판용), 팽이버섯 1/3봉, 양파 1/4개, 우유 100ml, 굴소스 1큰술, 체다 치즈 1장, 파슬리 가루 약간

● 만드는 법

1 전자레인지 용기에 밥을 넣어요.
2 잘게 썬 팽이버섯과 양파를 넣어요.
3 우유와 굴소스, 불닭 소스를 넣어요.
4 전자레인지에 4분 돌린 후 체다 치즈를 얹어요.
5 전자레인지에 1분 돌리고 파슬리 가루를 뿌려 마무리해요.

달걀볶이 라이스페이퍼

떡 대신 라이스페이퍼를 넣은 달걀볶이입니다. 라이스페이퍼는 쌀로 만든 얇은 식용 종이로 무거운 느낌이 들지 않아요. 떡볶이의 달콤한 맛은 그대로 살리고 열량은 낮춘 라이스페이퍼 달걀볶이를 만들어보세요!

● 재료 (1인분)

삶은 달걀 3개, 라이스페이퍼 4장, 물 120ml, 다진 마늘 1/2큰술, 고추장 1큰술, 고춧가루 1큰술, 굴소스 1/2큰술, 알룰로스 2큰술

● 만드는 법

1. 전자레인지 용기에 다진 마늘과 고추장, 고춧가루, 굴소스, 알룰로스를 넣고 물을 부어요.
2. 삶은 달걀을 반으로 잘라 넣어요.
3. 라이스페이퍼를 물에 적셔 적당히 흐물해지면 돌돌 말아준 후 한입 크기로 잘라 넣어요.
4. 골고루 섞어주고 전자레인지에 3분 돌려 마무리해요.

Week 2 — 토마토 달걀 볶음

토마토 달걀 볶음은 새콤달콤한 방울토마토와 부드러운 달걀의 조합이 잘 어울리는 요리입니다. 일반 토마토보다 달달한 스테비아 토마토나 망고토마토로 만들면 더욱 맛있는 요리가 완성돼요!

● **재료** (1인분)

방울토마토 5개, 달걀 1개, 소금 적당량, 후추 약간, 스트링 치즈 1개

● **만드는 법**

1. 전자레인지 용기에 방울토마토를 반으로 잘라 넣어요.
2. 달걀을 넣고 잘 풀어줘요.
3. 소금과 후추로 간을 하고 전자레인지에 3분 돌려요.
4. 달걀을 한 번 섞어주고 스트링 치즈를 반으로 갈라 얹어요.
5. 전자레인지에 2분 돌려 마무리해요.

Week 2

크림치즈 우동

부드럽고 고소한 생크림에 쫄깃한 우동 면이 어우러진 요리예요. 베이컨을 넣어 짭조름한 맛을 더했습니다. 감칠맛을 느낄 수 있는 굴소스를 함께 넣어 맛있는 크림치즈 우동을 만들었어요.

● 재료 (1인분)

우동사리면 1개, 생크림 100ml, 베이컨 1장, 물 200ml, 굴소스 1/2큰술, 소금 1/2큰술, 후추 약간, 체다 치즈 1장, 파마산 치즈 가루 약간, 파슬리 가루 약간

● 만드는 법

1. 전자레인지 용기에 면을 넣고 뜨거운 물을 부어요.
2. 전자레인지에 3분 돌린 후 찬물로 가볍게 헹궈주세요.
3. 얇게 썬 베이컨과 생크림을 넣어요.
4. 굴소스와 소금, 후추를 넣고 섞어줘요.
5. 체다 치즈를 얹은 후 전자레인지에 3분 돌려요.
6. 파마산 치즈와 파슬리 가루를 뿌려 마무리해요.

갈릭 스파게티

마늘을 주재료로 만든 풍미 가득한 파스타예요. 알리오 올리오 파스타를 전자레인지 버전으로 만든 레시피입니다. 치킨스톡을 많이 넣으면 간이 셀 수 있으니 용량에 맞게 넣어 맛있는 갈릭 스파게티를 만들어보세요.

● **재료** (1인분)

스파게티 면 100g, 마늘 3쪽, 다진 마늘 1큰술, 물 250ml, 소금 1/2큰술, 후추 약간, 치킨스톡 1큰술, 올리브유 1큰술, 피자 치즈 15g, 레드 페퍼 약간, 파슬리 가루 약간

● **만드는 법**

1 전자레인지 용기에 스파게티 면을 반으로 잘라 넣어요.
2 소금, 후추, 물을 넣고 전자레인지에 4분 돌린 후 뭉친 면을 풀어줘요.
3 마늘을 썰어 넣고 전자레인지에 3분 돌린 후 물을 버려요.
4 올리브유와 다진 마늘, 치킨스톡을 넣고 잘 비벼줘요.
5 피자 치즈를 얹고 전자레인지에 2분 돌린 후 레드 페퍼와 파슬리 가루를 뿌려 마무리해요.

방울토마토 소시지 덮밥

누구나 쉽고 간편하게 만들 수 있습니다. 애호박의 부드러움과 토마토의 산미, 소시지의 육즙이 만나 고급스러운 요리를 만들었어요. 다이어트 중이라면 밥은 현미밥으로, 소시지는 닭가슴살로 대체해 먹으면 부담 없어요.

● 재료 (1인분)

밥 1/2공기, 방울토마토 4개, 비엔나 소시지 3개, 애호박 1/4개, 굴소스 1/2큰술, 소금 1/2큰술, 후추 약간

● 만드는 법

1. 전자레인지 용기에 밥을 넣어요.
2. 얇게 썬 애호박과 소시지를 밥 위에 올려요.
3. 굴소스와 소금, 후추를 넣어요.
4. 방울토마토를 반으로 잘라 넣어요.
5. 전자레인지에 4분 돌려 마무리합니다.

제육맛 밥

건강한 재료로 만들었지만 이름 그대로 제육볶음의 풍미가 느껴져 제육맛 밥이라는 이름을 붙였어요. 우삼겹으로 만든 제육맛 밥은 제육볶음의 맛이 그대로 나지만 조리법은 훨씬 간단해 쉽고 빠르게 만들어 먹을 수 있어요.

● **재료** (1인분)

밥 1공기, 우삼겹 4~5장, 콩나물 1줌, 고추장 1큰술, 알룰로스 1큰술, 맛술 1큰술, 멸치액젓 1큰술, 김자반 1큰술

● **만드는 법**

1. 전자레인지 용기에 밥을 넣어요.
2. 깨끗이 씻은 콩나물과 고추장, 알룰로스, 맛술, 멸치액젓을 넣어요.
3. 우삼겹을 얹고 전자레인지에 7분 돌려요.
   Tip 고기 상태를 확인하고 덜 익은 부분이 있다면 1분씩 추가로 돌려줘요!
4. 김자반을 얹어 마무리해요.

순두부 조림

순두부에 매콤한 양념을 더한 요리예요. 자박한 국물이 찌개 같기도 하고 반찬 같기도 한 음식이라 밥 위에 올려 먹으면 정말 맛있어요. 다른 반찬 필요 없이 이 요리 하나로 식탁이 든든해져요.

● 재료 (1인분)

순두부 1/2모, 양파 1/3개, 물 50ml, 다진 마늘 1큰술, 고춧가루 3큰술, 설탕 1/2큰술, 진간장 3큰술

● 만드는 법

1 전자레인지 용기에 순두부를 넣고 숭덩숭덩 썰어요.
2 빈 그릇에 잘게 썬 양파와 다진 마늘, 고춧가루, 설탕, 진간장을 넣고 물을 부어 양념장을 만들어요.
3 순두부 위에 양념장을 올린 후 전자레인지에 5분 돌려요.

Week 3

새우 비빔밥

탱글탱글한 새우와 신선한 채소를 넣은 건강한 한 그릇 요리예요. 매콤달콤한 양념장과 비벼 먹으면 단맛과 매운맛, 고소함이 어우러진 조화로운 맛을 자랑하는 비빔밥입니다.

● **재료** (1인분)

밥 1공기, 새우 3마리, 양파 1/3개, 표고버섯 1개, 다진 마늘 1/2큰술, 고춧가루 1큰술, 진간장 2큰술, 맛술 2큰술, 참기름 1큰술, 통깨 약간

● **만드는 법**

1. 전자레인지 용기에 밥을 넣어요.
2. 얇게 썬 양파와 표고버섯을 밥 위에 올려요.
3. 빈 그릇에 다진 마늘과 고춧가루, 진간장, 맛술, 참기름, 통깨를 넣어 양념장을 만들고 밥 위에 부어요.
4. 꼬리를 뗀 새우를 물에 깨끗하게 씻어 넣어요.
5. 전자레인지에 5분 돌려 마무리해요.

Week 3 고기국수

제주도의 고기국수를 전자레인지로 간단하게 만든 레시피입니다. 맑게 우려낸 멸치 육수와 고소한 우삼겹을 넣어 진하고 담백한 맛이 느껴져요. 부담 없는 한 끼 식사로 김치나 겉절이를 올려 먹으면 더 맛있게 먹을 수 있어요!

● 재료 (1인분)

소면 100g, 우삼겹 5장, 당근 약간, 청양고추 1개, 멸치 육수 150ml, 물 170ml, 고춧가루 1큰술, 국간장 1큰술

● 만드는 법

1 전자레인지 용기에 반으로 자른 소면과 얇게 썬 당근을 넣어요.
2 따뜻한 물을 붓고 전자레인지에 2분 돌린 후 물을 버려요.
3 우삼겹과 멸치 육수를 넣고 전자레인지에 3분 돌려요.
   Tip 고기 상태를 확인하고 덜 익은 부분이 있다면 1분씩 추가로 돌려줘요!
4 빈 그릇에 다진 청양고추와 고춧가루, 국간장을 넣어 양념장을 만들고 국수 위에 얹어요.

Week 3

매콤 애참양 덮밥

건강한 식재료인 양배추와 고소한 참치는 맛이 없을 수 없는 조합이죠! 고추장 베이스의 양념과 비벼 먹으면 담백한 덮밥을 더욱 맛있게 먹을 수 있어요.

● 재료 (1인분)

밥 1공기, 애호박 1/4개, 캔참치 3큰술, 채 썬 양배추 1줌, 고추장 1큰술, 알룰로스 1큰술, 식초 1큰술, 참기름 2큰술, 통깨 약간

● 만드는 법

1. 전자레인지 용기에 밥과 얇게 썬 애호박, 기름을 뺀 참치와 양배추를 넣고 전자레인지에 3분 돌려요.
2. 빈 그릇에 고추장, 알룰로스, 식초, 참기름 1큰술을 넣어 양념장을 만들어요.
3. 밥 위에 양념장을 얹고 비벼준 후 참기름과 통깨를 넣어 마무리해요.

1

Week 3

로제 떡볶이

특별한 떡볶이를 먹고 싶다면 맵기는 낮추고 부드러움을 살린 로제 떡볶이 어떠세요? 떡볶이의 매운맛이 부담스러운 사람도 맛있게 먹을 수 있고, 우유의 부드러운 맛을 좋아한다면 취향 저격일 떡볶이입니다!

- **재료** (1인분)

떡볶이 떡 20개, 어묵 2장, 비엔나 소시지 10개, 물 200ml, 우유 100ml, 토마토 소스 2큰술(시판용), 고추장 1큰술, 알룰로스 1큰술, 체다 치즈 1장

- **만드는 법**

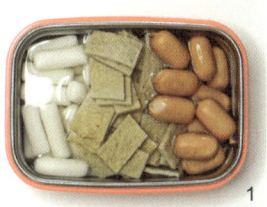

1. 전자레인지 용기에 떡과 한입 크기로 자른 어묵, 소시지를 넣고 뜨거운 물을 부어요.
2. 전자레인지에 2분 돌린 후 물을 버려주세요.

3. 우유, 토마토 소스, 고추장, 알룰로스를 넣고 전자레인지에 3분 돌려요.

4. 체다 치즈를 얹고 전자레인지에 1분 돌려 마무리해요.

Week 3
팽이버섯 덮밥

간장 달걀밥에 팽이버섯을 추가한 느낌인데 부추와 레드 페퍼가 들어가 색다른 맛입니다. 적당히 매콤한 레드 페퍼와 신선한 부추의 조화가 완벽해요! 한 그릇에 여러 가지 맛이 느껴지는 덮밥을 만들어보세요.

● 재료 (1인분)

밥 1공기, 팽이버섯 1/3봉, 달걀 1개, 진간장 1큰술, 참기름 1큰술, 잘게 썬 쪽파 1큰술, 레드 페퍼 약간

● 만드는 법

1. 전자레인지 용기에 밥을 넣어요.
2. 팽이버섯은 밑동을 자른 후 한입 크기로 잘라 넣어요.
3. 진간장과 참기름을 넣어요.
4. 달걀을 넣고 포크로 노른자를 터트려요.
5. 전자레인지에 4분 돌려요.
6. 쪽파와 레드 페퍼를 얹어 마무리해요.

순두부 찜닭

컵누들로 만든 순두부 찜닭은 부드러운 순두부와 닭가슴살 소시지를 넣어 열량을 낮춘 요리예요. 컵누들로 만들었지만 일반 찜닭과 맛이 비슷해 식단 관리하는 사람도 가볍게 먹을 수 있어요.

● 재료 (1인분)

컵누들 매콤찜닭맛 1개(시판용), 순두부 1/2모, 닭가슴살 소시지 1개, 달걀 1개, 물 120ml, 대파 약간

● 만드는 법

1. 전자레인지 용기에 순두부를 넣고 숭덩숭덩 썰어요.
2. 컵누들의 면과 스프를 용기에 담아요.
3. 달걀을 넣고 노른자를 포크로 터트려요.
4. 닭가슴살 소시지를 썰어 넣어요.
5. 대파를 잘게 썰어 넣어요.
6. 뜨거운 물을 붓고 전자레인지에 4분 돌려 마무리해요.

Week 4

가지 비빔밥

은은한 풍미와 부드러운 식감의 가지를 잘게 썰어 먹으면 평소 가지를 좋아하지 않는 사람도 맛있게 먹을 수 있어요. 사르르 녹는 부드러운 식감과 단짠 양념이 어우러진 가지 비빔밥의 매력에 푹 빠져보세요.

● 재료 (1인분)

밥 1/2공기, 가지 1개, 달걀 1개, 청양고추 1개, 부추 적당량, 고춧가루 1큰술, 진간장 2큰술, 참치액젓 2큰술, 참기름 1큰술

● 만드는 법

1. 전자레인지 용기에 밥과 잘게 자른 가지를 넣고 전자레인지에 5분 돌려요.
2. 빈 그릇에 다진 청양고추와 고춧가루, 진간장, 참치액젓, 참기름을 넣고 양념장을 만들어 밥 위에 부어요.
3. 부추를 잘게 썰어 넣어요.
4. 따로 준비한 용기에 물과 달걀을 넣고 노른자를 터트려요.
5. 전자레인지에 1분 30초 돌린 후 밥 위에 올려 마무리해요.

마라샹궈

중국 사천 지방에서 유래한 볶음 요리예요. 소개한 조리법은 간편하고 빠르게 만들 수 있는 전자레인지용 레시피입니다. 칼로리 부담 없이 맛있는 마라샹궈를 이제 집에서 간단하게 만들어보세요!

● 재료 (1인분)

컵누들 매콤한맛 1개(시판용), 우삼겹 3장, 청경채 3개, 팽이버섯 1/3봉, 물 200ml, 다진 마늘 1/2큰술, 고춧가루 1/2큰술, 스리라차 소스 1/2큰술, 굴소스 1/2큰술

● 만드는 법

1 전자레인지 용기에 청경채와 팽이버섯을 넣어요.
2 다진 마늘과 고춧가루, 스리라차 소스, 굴소스, 컵누들 스프를 넣어요.
3 우삼겹과 면을 넣고 뜨거운 물을 부어요.
4 전자레인지에 5분 돌려 마무리해요.
   Tip 고기 상태를 확인하고 덜 익은 부분이 있다면 1분씩 추가로 돌려줘요!

Week 4

불닭 치즈밥

매콤한 불닭 소스와 고소한 체다 치즈가 만났어요. 강렬한 매운맛과 체다 치즈의 고소함이 동시에 느껴져요. 톡톡 터지는 스위트콘이 들어가 식감으로 느끼는 재미를 살렸어요. 입이 심심할 틈 없는 맛있는 요리입니다.

● **재료** (1인분)

밥 1/2공기, 참치 1캔, 양파 1/3개, 불닭 소스 1/2큰술(시판용), 고추장 1큰술, 스리라차 소스 1/2큰술, 알룰로스 1큰술, 스위트콘 3큰술, 체다 치즈 1장

● **만드는 법**

1 전자레인지 용기에 밥을 넣어요.
2 기름을 뺀 참치를 밥에 올려요.
3 양파를 작게 깍둑 썰어 넣어요.
4 고추장, 스리라차 소스, 알룰로스, 불닭 소스를 넣어요.
5 스위트콘과 체다 치즈를 올려요.
6 전자레인지에 3분 돌려 마무리합니다.

스팸 파스타

스팸으로 만든 간단하지만 특별한 파스타예요. 스팸을 면과 함께 삶아 조리 과정에서 스팸의 기름기와 염분을 자연스럽게 제거할 수 있어요. 치킨스톡으로 간을 해 감칠맛이 살아있는 맛있는 요리입니다.

● 재료 (1인분)

스파게티 면 100g, 스팸 1/3개, 물 250ml, 올리브유 2큰술, 참치액젓 1큰술, 치킨스톡 1/2큰술, 레드 페퍼 약간

● 만드는 법

1. 전자레인지 용기에 스파게티 면을 반으로 잘라 넣어요.
2. 위생 봉지에 스팸을 넣고 으깬 후 용기에 넣어요.
3. 물과 올리브유를 넣고 전자레인지에 4분 돌려요.
4. 뭉친 면을 풀어준 후 전자레인지에 3분 돌려요.
5. 면수 3큰술만 남기고 남은 물을 버려요.
6. 참치액젓과 치킨스톡, 레드 페퍼를 넣고 비벼요.

1

3

Week 4
방울토마토 스파게티

방울토마토의 신선한 맛을 느낄 수 있는 요리입니다. 기분 좋은 달달함이 입맛을 돋우고 함께 들어간 버섯이 영양을 챙겨줘 든든하고 맛있는 전자레인지 스파게티입니다.

● 재료 (1인분)

스파게티 면 100g, 방울토마토 7개, 양송이버섯 2개, 물 250ml, 토마토 소스 5큰술(시판용), 소금 1/2큰술, 후추 약간, 올리브유 1큰술, 피자 치즈 15g

● 만드는 법

1 전자레인지 용기에 스파게티 면을 반으로 잘라 넣어요.
2 소금, 후추, 올리브유를 넣고 물을 부어요.
3 전자레인지에 4분 돌려 뭉친 면을 풀어주고 물을 버려요.
4 토마토 소스를 넣고 잘 비벼줘요.
5 얇게 썬 양송이버섯과 반으로 자른 방울토마토를 넣어요.
6 피자 치즈를 넣고 전자레인지에 4분 돌려 마무리해요.

간장 달걀밥

누구나 좋아하는 달걀! 반찬이 없을 때 간단하게 먹기 좋은 재료죠. 일반적인 간장 달걀밥은 밥 위에 달걀프라이를 올린 모습인데 이 레시피는 달걀을 간장에 조린 듯한 느낌으로 만들어봤어요.

● 재료 (1인분)

밥 1공기, 달걀 2개, 물 1큰술, 진간장 2큰술, 참기름 1/2큰술, 통깨 약간

● 만드는 법

1. 전자레인지 용기에 물, 진간장, 참기름을 넣어요.
2. 달걀을 넣고 노른자를 포크로 살짝 터트려요.
3. 전자레인지에 2분 30초 돌려요.
4. 통깨를 뿌려 마무리해요.

Week 1
떡만둣국
애호박 덮밥
매콤 샤브
애호박 간장 국수
고기 순두부장
식빵 피자
1인 샤브

Week 2
새우 야채죽
크래미 오트밀죽
소보로밥
유부 덮밥
새우 딤섬
순두부장
옥수수밥

Week 3
순두부 달걀찜
우삼겹 고추장밥
불닭 스파게티
순두부 카레
베이컨 양배추 덮밥
고기 우동 볶음
버터김 파스타

Week 4
애호박 새우 파스타
불닭 만두밥
새우 우동 볶음
집코바
순대볶음
순두부 불닭 치즈
스팸 달걀 덮밥

Part 3

5만 원으로 배불리 먹는
일주일 저녁

떡만둣국

얇게 썬 떡과 만두가 들어간 든든한 국물 요리로 아이부터 어른까지 누구나 좋아하는 요리예요. 쫄깃한 떡과 속이 꽉 찬 만두의 육즙이 더해져 맛있게 먹을 수 있습니다. 밥과 함께 먹으면 속이 든든해요.

● 재료 (1인분)

떡국떡 15개, 냉동 만두 4개, 달걀 1개, 물 250ml, 참치액젓 1큰술, 대파 적당량

● 만드는 법

1 빈 그릇에 떡을 넣고 물을 부어 1시간 이상 불려요.
2 전자레인지 용기에 불린 떡과 만두를 넣어요.
3 달걀을 풀어 넣고 물을 부어요.
4 잘게 썬 대파와 참치액젓을 넣어요.
5 전자레인지에 4분 돌려 마무리해요.

애호박 덮밥

짭짤한 감칠맛이 매력적인 애호박 덮밥입니다. 고춧가루와 다진 마늘이 들어가 알싸하고 매콤해요. 조미김을 잘라 올려 먹으면 고소한 맛이 더해져 더욱 맛있는 애호박 덮밥을 맛볼 수 있어요.

- 재료 (1인분)

밥 1공기, 애호박 1/3개, 다진 마늘 1/2큰술, 고춧가루 1/2큰술, 양조간장 1큰술, 굴소스 1/2큰술, 조미김 2장, 통깨 약간

- 만드는 법

1. 전자레인지 용기에 밥을 넣어요.
2. 얇게 채 썬 애호박을 밥 위에 올려요.
3. 다진 마늘, 고춧가루, 양조간장, 굴소스를 넣어요.
4. 전자레인지에 3분 돌려요.
5. 조미김을 잘라 올려 비빈 후 통깨를 뿌려 마무리해요.

Week 1

매콤 샤브

매콤한 양념을 더해 칼칼하고 얼큰한 맛이 느껴지는 샤브샤브입니다. 고기와 콩나물의 시원한 맛이 느껴지는 경상도식 소고기 무국과 비슷해요! 국물과 밥을 함께 말아 먹으면 든든합니다.

● 재료 (1인분)

샤브용 소고기 4장(80g), 콩나물 1줌, 멸치 다시 육수 500ml, 다진 마늘 1/2큰술, 대파 적당량, 고춧가루 2큰술, 국간장 1큰술, 참치액젓 2큰술, 맛술 1큰술, 소금 1/2큰술, 후추 약간

● 만드는 법

1 흐르는 물에 씻은 콩나물을 전자레인지 용기에 넣어요.
2 소고기를 얹고 다진 마늘과 잘게 썬 대파, 고춧가루, 국간장, 참치액젓, 맛술, 소금, 후추를 넣어요.
3 멸치 다시 육수를 넣고 전자레인지에 5분 돌린 후 전체적으로 뒤집어요.
4 전자레인지에 2분 돌려 마무리해요.

Week 1

애호박 간장 국수

편식하는 아이도, 밥투정 부리는 아이도 잘 먹는 간장 국수입니다. 어른 입맛에 맞게 청양고추를 추가해 만들었어요. 청양고추를 빼면 아이들도 맛있게 먹을 수 있는 요리라 온 가족이 함께 먹기 좋아요!

● 재료 (1인분)

소면 100g, 애호박 1/3개, 청양고추 1개, 다진 마늘 1/2큰술, 물 300ml, 양조간장 2큰술, 알룰로스 1큰술, 레몬즙 1/2큰술, 참기름 1큰술, 통깨 약간, 조미김 2장

● 만드는 법

1. 전자레인지 용기에 소면을 반으로 잘라 넣고 물을 부어요.
2. 전자레인지에 3분 돌리고 뭉친 면을 저어 풀어줘요.
3. 얇게 썬 애호박을 넣고 전자레인지에 3분 돌린 후 물을 버려요.
4. 잘게 썬 청양고추와 다진 마늘, 양조간장, 알룰로스, 레몬즙, 참기름, 통깨를 넣고 비빈 후 조미김을 잘라 올려 마무리해요.

Tip 아이용 국수는 청양고추를 빼고 만들어주세요!

Week 1

고기 순두부장

기름기 많은 우삼겹의 고소한 육향이 느껴지고, 짭조름한 양념이 밥을 부르는 맛입니다. 불을 사용하지 않고 10분만에 만들 수 있는데 맛은 고급스러워요. 밥 위에 얹어 비벼 먹으면 더 맛있어요.

● **재료** (1인분)

순두부 1/2모, 우삼겹 5장, 양파 1/4개, 대파 약간, 진간장 3큰술, 설탕 1/2큰술, 매실청 1/2큰술, 참기름 1큰술

● **만드는 법**

1. 전자레인지 용기에 순두부를 넣고 숭덩숭덩 썰어준 후 우삼겹을 얹어요.
2. 빈 그릇에 잘게 썬 양파와 대파, 진간장, 설탕, 매실청, 참기름을 넣고 섞어 양념장을 만들어요.
3. 우삼겹 위에 양념장을 올리고 전자레인지에 5분 돌려요.

Tip 고기 상태를 확인하고 덜 익은 부분이 있다면 1분씩 추가로 돌려줘요!

식빵 피자

식빵을 도우로 활용해 오븐 없이 전자레인지로 누구나 쉽게 만들 수 있습니다. 포크나 숟가락으로 떠먹으면 손에 묻히지 않고 깔끔하게 먹을 수 있어요. 가볍게 먹는 간단한 식사나 야식 메뉴로 추천합니다.

● 재료 (1인분)

식빵 2장, 달걀 1개, 스위트콘 3큰술, 양송이버섯 2개, 올리브 4~5개, 토마토 소스 3큰술(시판용), 올리브유 1큰술, 스트링 치즈 2개

● 만드는 법

1. 전자레인지 용기 바닥에 올리브유를 펴 발라요.
2. 식빵 테두리를 가위로 자르고 부드러운 빵 부분을 한입 크기로 잘라 넣어요.
3. 달걀을 넣고 식빵과 섞어줘요.
4. 토마토 소스와 얇게 썬 양송이버섯, 올리브, 스위트콘을 올려요.
5. 스트링 치즈를 올리고 전자레인지에 4분 돌려 마무리해요.

1인 샤브

감칠맛이 좋고 시원한 참치액젓으로 맛을 낸 1인 샤브예요. 일반 샤브샤브보다 담백하고 시원해 재료 본연의 맛이 잘 느껴지고 자극적이지 않아 다이어트나 식단 관리, 아이들 식사로 부담 없이 먹기 좋아요.

● 재료 (1인분)

샤브용 소고기 4장(80g), 채 썬 양배추 1줌, 두부 1/2모, 양파 1/3개, 청양고추 1개, 물 1큰술, 진간장 2큰술, 참치액젓 1큰술, 식초 1큰술, 알룰로스 1큰술, 겨자 1/2큰술

● 만드는 법

1. 전자레인지 용기에 양배추와 소고기를 넣어요.
2. 작게 썬 두부와 참치액젓을 넣고 전자레인지에 6분 돌려요.
3. 빈 그릇에 잘게 썬 양파와 청양고추, 진간장, 식초, 알룰로스, 겨자, 물을 넣고 섞어 소스를 만들어요.

새우 야채죽

부드러운 채소와 새우의 탱글한 식감이 잘 어울리는 요리입니다. 부드럽고 담백한 요리라 아이와 어른 모두 부담 없이 먹기 좋고, 소화가 잘 되지 않는 날 저녁 식사로 먹으면 다음 날 아침까지 속이 편해요.

● 재료 (1인분)

밥 1/2공기, 새우 6마리, 당근 1/5개, 대파 적당량, 물 120ml, 소금 1/2큰술, 참치액젓 1큰술, 참기름 약간

● 만드는 법

1 전자레인지 용기에 밥을 넣어요.
2 당근과 대파는 잘게 썰어 넣고 새우 3마리를 다져 넣어요.
3 남은 새우 3마리는 통으로 위에 얹어요.
4 물과 소금, 참치액젓을 넣고 전자레인지에 3분 돌려요.
5 참기름을 넣어 마무리해요.

크래미 오트밀죽

Week 2

오트밀의 부드러움과 크래미의 고소한 맛이 잘 어울려요. 오트밀은 쌀죽보다 부드럽고 입자가 고와 속이 편한 재료입니다. 다이어트 중이거나 가벼운 음식이 당길 때 딱 좋은 메뉴예요!

● 재료 (1인분)

오트밀 10큰술, 크래미 4개, 물 1/2컵, 참기름 1큰술, 후추 약간, 통깨 약간

● 만드는 법

1 전자레인지 용기에 오트밀을 넣어요.
2 따뜻한 물을 넣어 오트밀을 불려줘요.
3 크래미를 포크로 찢은 후 위에 올려요.
4 전자레인지에 3분 돌려요.
5 참기름, 후추, 통깨를 넣어 마무리해요.

Week 2
소보로밥

잘게 다진 돼지고기에 양념을 더해 단짠의 매력과 고소함을 살린 요리입니다. 잘게 다진 고기는 퍽퍽하지 않고 부드러워 아이부터 어른까지 누구나 부담 없이 먹을 수 있는 메뉴예요.

● 재료 (1인분)

밥 1/2공기, 돼지고기 다짐육 150g, 달걀 3개, 진간장 1큰술, 설탕 1큰술, 맛술 1큰술, 참기름 1큰술, 부추 적당량

● 만드는 법

1 전자레인지 용기에 참기름을 펴 발라요.
2 달걀 2개를 넣어 풀어주고 전자레인지에 1분 30초 돌려요.
3 전체적으로 저어준 후 다시 1분 30초 돌려요.
4 달걀을 한쪽으로 밀어준 후 빈 공간에 다짐육을 넣어요.
5 진간장, 설탕, 맛술을 넣어 버무린 후 전자레인지에 5분 돌려요.
6 밥을 넣고 잘게 썬 부추와 달걀 노른자를 올려 마무리합니다.

Week 2

유부 덮밥

밥 위에 올린 양파와 유부, 간장 소스는 일본식 덮밥 느낌을 냅니다. 유부의 감칠맛과 달콤함이 짭짤한 간장 소스와 정말 잘 어울려요. 간단하지만 든든한 한 그릇 요리입니다.

● **재료** (1인분)

밥 1공기, 유부 1장, 양파 1/3개, 달걀 1개, 청양고추 1개, 물 7큰술, 진간장 1큰술, 굴소스 1/2큰술

● **만드는 법**

1. 전자레인지 용기에 밥을 넣어요.
2. 얇게 채 썬 유부와 양파, 청양고추를 밥 위에 올려요.
3. 달걀을 넣고 노른자를 터트려요.
4. 빈 그릇에 물, 진간장, 굴소스를 넣고 섞어 양념장을 만든 후 밥 위에 얹어요.
5. 전자레인지에 5분 돌려 마무리해요.

새우 딤섬

딤섬피 대신 라이스페이퍼로 만들어 기름지지 않고 쫄깃한 만두입니다. 새우의 탱글탱글한 식감을 살렸어요. 청양고추를 넣은 간장 소스와 곁들여 먹으면 매콤하고 깔끔한 느낌의 새우 딤섬을 먹을 수 있어요.

● 재료 `1인분`

새우 8마리, 라이스페이퍼 8장, 청양고추 1개, 대파 약간, 물 3큰술, 진간장 1큰술, 굴소스 1/2큰술, 참기름 1큰술

● 만드는 법

1. 라이스페이퍼를 물에 담갔다 흐물해지면 꺼내 새우 2마리와 잘게 썬 대파를 올려요.
   Tip 터지지 않게 두 겹으로 만드는 걸 추천해요!
2. 양쪽을 접고 밑에서부터 위로 말아 올려요. 과정을 반복해 딤섬 4개를 만들어요.
3. 빈 그릇에 잘게 썬 청양고추와 물, 진간장, 굴소스, 참기름을 넣어 양념장을 만든 후 용기에 붓고 전자레인지에 4분 돌려요.

Week 2

순두부장

순두부에 맛있는 양념장을 얹었어요. 5분 안에 빠르게 만들 수 있어 갑자기 반찬이 떨어졌거나 이것저것 요리하기 귀찮을 때 빠르게 만들 수 있는 메뉴예요. 뜨끈한 밥에 올려 슥슥 비벼 먹으면 밥도둑이 따로 없어요!

● **재료** (1인분)

순두부 1/2모, 양파 1/3개, 고추 1개, 고춧가루 1큰술, 대파 약간, 진간장 3큰술, 매실액 1큰술

● **만드는 법**

1. 전자레인지 용기에 순두부를 넣고 숭덩숭덩 썰어요.
2. 전자레인지에 1분 돌리고 나온 물을 버려요.
3. 빈 그릇에 잘게 썬 양파와 대파, 고추, 고춧가루, 진간장, 매실액을 넣어 양념장을 만든 후 위에 부어요.
4. 전자레인지에 2분 돌려 마무리해요.

Week 2 - 옥수수밥

옥수수를 넣어 지은 밥으로 고소하고 달큰해요. 씹을 때마다 톡톡 터지는 식감이 좋아요. 제철 옥수수로 만들어 먹으면 더 맛있지만 달지 않은 옥수수를 사용해 만들어도 맛있어요.

● 재료 (1인분)

쌀 150ml, 옥수수 1개, 물 300ml, 다진 마늘 1/2큰술, 고춧가루 1큰술, 쯔유 1큰술, 진간장 2큰술, 올리고당 1큰술, 참기름 1큰술, 대파 약간

● 만드는 법

1 빈 그릇에 쌀과 물을 넣고 20분 이상 불려요.
2 전자레인지 용기에 쌀만 담고 물을 새로 부어요.
3 칼로 자른 옥수수 알갱이와 쯔유를 넣고 전자레인지에 12분 돌려요.
4 5분 동안 뜸을 들여준 후 잘게 썬 대파를 올려요.
5 빈 그릇에 다진 마늘, 고춧가루, 진간장, 올리고당, 참기름, 물 1/2큰술을 넣어 양념장을 만든 후 밥 위에 올려 마무리해요.

순두부 달걀찜

순두부의 부드러움과 달걀찜의 촉촉함을 동시에 느낄 수 있는 요리예요. 입안에서 사르르 녹는 달걀찜은 아이부터 어른까지 누구나 좋아하는 부담 없는 음식입니다.

● 재료 (1인분)

순두부 1/2모, 달걀 2개, 당근 약간, 대파 약간, 물 7큰술, 멸치액젓 1큰술, 소금 1/2큰술, 참기름 1큰술, 통깨 약간

● 만드는 법

1 전자레인지 용기에 달걀과 물, 멸치액젓, 소금을 넣고 잘 섞어 줘요.
2 순두부를 넣고 숭덩숭덩 썰어줘요.
3 당근과 대파를 잘게 썰어 넣고 전자레인지에 5분 돌려요.
4 참기름과 통깨를 넣어 마무리해요.

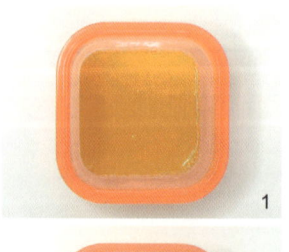

Week 3

우삼겹 고추장밥

고소한 우삼겹과 매콤한 고추장을 넣어 만들었어요. 깻잎이나 상추에 쌈을 싸 먹으면 더욱 맛있게 먹을 수 있어요. 조리법은 간단한데 포만감이 좋아 혼자 간단히 식사하거나 도시락으로 싸가기 좋은 요리입니다.

● 재료 (1인분)

밥 1공기, 우삼겹 4장, 달걀 1개, 고추장 1큰술, 참기름 1큰술, 대파 약간, 통깨 약간

● 만드는 법

1. 전자레인지 용기에 밥을 넣어요.
2. 달걀을 넣고 밥과 잘 섞어줍니다.
3. 우삼겹을 올리고 전자레인지에 5분 돌려요.
   Tip 고기 상태를 확인하고 덜 익은 부분이 있다면 1분씩 추가로 돌려줘요!
4. 고추장과 참기름, 잘게 썬 대파를 넣고 통깨를 뿌려 마무리해요.

Week 3
불닭 스파게티

불닭 소스에 우유를 넣어 매운맛을 부드럽게 중화한 스파게티예요. 체다 치즈를 더 넣으면 로제 파스타의 맛도 느낄 수 있어요. 기호에 맞게 재료의 양을 조절하며 만들어보세요!

● 재료 (1인분)

스파게티 면 100g, 불닭 소스 3~4큰술(시판용), 물 250ml, 우유 100ml, 토마토 소스 3큰술(시판용), 올리브유 1큰술, 소금 1/2큰술, 후추 약간, 버터 2조각(30g), 체다 치즈 1장

● 만드는 법

1 전자레인지 용기에 스파게티 면을 반 잘라 넣고 물을 부어요.
2 소금과 후추, 올리브유를 넣어요.
3 전자레인지에 4분 돌린 후 뭉친 면을 풀어줘요.
4 전자레인지에 3분 돌리고 남은 물을 버려요.
5 불닭 소스와 토마토 소스, 우유, 버터를 넣어요.
6 체다 치즈를 넣고 전자레인지에 2분 돌려 마무리해요.

Week 3 순두부 카레

부드러운 순두부와 카레가 만난 이색 요리예요. 밥과 함께 먹으면 포만감이 느껴지는 든든한 한 끼가 됩니다. 재료도 적고 쉽게 만들 수 있어 누구나 간단히 만들어 먹기 좋은 초간단 요리예요.

● **재료** (1인분)

밥 1/2공기, 순두부 1/2모, 카레 가루 2큰술, 치킨스톡 1/2큰술

● **만드는 법**

1. 전자레인지 용기에 밥과 순두부를 넣어요.
2. 카레 가루를 넣고 잘 섞어줘요.
   Tip 순두부에서 물이 나오기 때문에 추가로 물을 넣지 않아도 돼요!
3. 치킨스톡을 넣고 전자레인지에 3분 돌려 마무리해요.

1

2

Week 3

베이컨 양배추 덮밥

짭조름하고 고소한 베이컨과 양배추의 달달함이 만나 누구나 맛있게 먹을 수 있는 덮밥이에요. 재료를 최소화해 조리 과정이 정말 간단해요. 고소한 감칠맛이 느껴지는 베이컨 양배추 덮밥을 만들어보세요!

● 재료 (1인분)

밥 1공기, 채 썬 양배추 1줌, 베이컨 2장, 달걀 1개, 굴소스 1큰술, 통깨 약간

● 만드는 법

1 전자레인지 용기에 밥을 넣어요.
2 양배추와 얇게 썬 베이컨을 밥 위에 올려요.
3 굴소스를 넣고 전자레인지에 3분 돌려요.
4 달걀을 풀어 넣고 전자레인지에 2분 돌려요.
5 통깨를 뿌려 마무리해요.

고기 우동 볶음

Week 3

짭짤한 간장 베이스에 달콤한 설탕이 들어간 우동 볶음입니다. 부드러운 우삼겹과 쫄깃한 우동 면이 잘 어울려요. 특별한 음식이 먹고 싶을 때나 술안주가 필요할 때 먹기 좋은 활용도 만점 요리입니다!

● 재료 (1인분)

우동사리면 1개, 우삼겹 7장, 양파 1/3개, 달걀 1개, 물 200ml, 진간장 1큰술, 설탕 1큰술, 대파 약간

● 만드는 법

1 전자레인지 용기에 면과 물을 넣고 전자레인지에 2분 돌려요.
2 흐르는 물에 면을 헹군 후 우삼겹과 채 썬 양파를 넣어요.

3 진간장과 설탕을 넣고 전자레인지에 5분 돌려요.
   Tip 고기 상태를 확인하고 덜 익은 부분이 있다면 1분씩 추가로 돌려줘요!

4 잘게 썬 대파와 달걀 흰자를 넣고 전자레인지에 1분 돌려요.
5 달걀 노른자를 올려 마무리해요.

버터김 파스타

고소한 김과 버터, 알싸한 고추냉이가 어우러졌어요. 고추냉이 향이 생각보다 강하지 않아서 누구나 부담 없이 먹을 수 있어요. 평범한 재료로 만든 파스타지만 맛과 풍미가 좋은 특별한 메뉴예요.

● 재료 (1인분)

스파게티 면 100g, 물 250ml, 버터 1조각(15g), 고추냉이 1/2큰술, 소금 1/2큰술, 후추 약간, 올리브유 1큰술, 김 3장, 파마산 치즈 가루 약간

● 만드는 법

1. 전자레인지 용기에 스파게티 면을 반 잘라 넣고 물을 부어요.
2. 소금과 후추, 올리브유를 넣어요.
3. 전자레인지에 4분 돌린 후 뭉친 면을 풀어줘요.
4. 전자레인지에 3분 돌리고 남은 물을 버려요.
5. 버터와 고추냉이를 넣고 섞으며 버터를 잘 녹여줘요.
6. 김을 잘게 잘라 올리고 파마산 치즈 가루를 뿌려 마무리해요.

애호박 새우 파스타

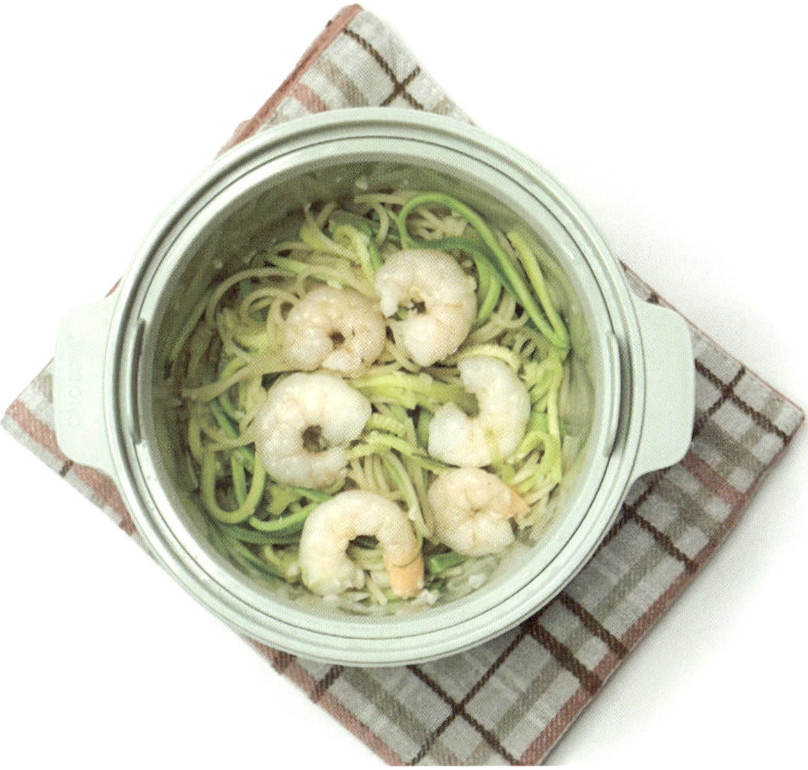

쯔유와 멸치액젓이 내는 감칠맛이 매력적인 요리예요. 자연의 재료를 그대로 써 감칠맛과 은은한 맛의 깊이를 더했고, 새우의 신선함이 느껴져 먹는 내내 바다가 떠오르는 파스타입니다.

● **재료** (1인분)

스파게티 면 100g, 새우 7마리, 애호박 1/2개, 물 400ml, 다진 마늘 1큰술, 쯔유 2큰술, 멸치액젓 2큰술, 소금 1/2큰술, 후추 약간

● **만드는 법**

1. 전자레인지 용기에 스파게티 면을 반 잘라 넣고 물을 부어요.
2. 소금, 후추를 넣고 전자레인지 4분 돌린 후 뭉친 면을 풀어줘요.
3. 채 썬 애호박과 새우, 다진 마늘, 쯔유 1큰술, 멸치액젓 1큰술을 넣어요.
4. 전자레인지에 3분 돌리고 남은 물을 버려요.
5. 나머지 쯔유와 멸치액젓을 넣고 비벼줘요.

Week 4

불닭 만두밥

입안 가득 퍼지는 만두의 육즙과 매콤한 불닭 소스가 만났어요. 맵고 자극적일 것 같지만 맛의 밸런스가 조화로워 먹으면 먹을수록 맛있는 요리예요. 스트레스가 확 풀리는 강렬한 매운맛의 매력에 빠져보세요.

● 재료 (1인분)

밥 1공기, 냉동 만두 4개, 불닭 소스 1큰술(시판용), 고추장 1/2큰술, 버터 1조각(20g), 체다 치즈 1장, 파슬리 가루 약간

● 만드는 법

1 전자레인지 용기에 밥을 넣어요.
2 만두와 불닭 소스, 고추장, 버터를 넣어요.
3 전자레인지에 3분 돌린 후 만두를 따로 빼둬요.
4 체다 치즈를 얹고 전자레인지에 1분 돌려요.
5 만두를 얹고 파슬리 가루를 뿌려 마무리해요.

새우 우동 볶음

짭조름한 간장 베이스에 스리라차 소스를 더했어요. 새우의 살이 톡톡 터져 짭짤한 맛을 더하고 먹으면 먹을수록 풍미가 더해지는 매력적인 볶음 우동입니다.

● 재료 (1인분)

우동사리면 1개, 새우 4마리, 양파 1/3개, 물 200ml, 진간장 3큰술, 스리라차 소스 1큰술, 굴소스 1큰술, 알룰로스 1큰술, 맛술 2큰술, 후추 약간, 피자 치즈 30g

● 만드는 법

1 전자레인지 용기에 면과 채 썬 양파, 새우를 넣고 물을 부어요.
2 전자레인지에 5분 돌린 후 흐르는 물에 헹궈줘요.
3 진간장, 스리라차 소스, 굴소스, 알룰로스, 맛술, 후추를 넣고 비벼줘요.
4 피자 치즈를 넣고 전자레인지에 3분 돌려 마무리해요.

집코바

지코바 치킨을 모티브로 만든 간편한 전자레인지 요리입니다. 조화로운 단짠 양념은 밥과 함께 먹으면 더 맛있어요. 다른 반찬 없이도 배부르고 든든한 한 끼 요리입니다.

● 재료 (1인분)

떡볶이 떡 10개, 닭가슴살 1개, 물 120ml, 청양고추 1개, 다진 마늘 1큰술, 고춧가루 1/2큰술, 진간장 3큰술, 설탕 2큰술, 굴소스 1큰술, 올리고당 5큰술

● 만드는 법

1 물에 씻은 떡을 전자레인지 용기에 넣어요.
2 뜨거운 물을 붓고 전자레인지에 2분 돌린 후 물을 버려요.
3 닭가슴살을 한입 크기로 잘라 넣어요.
4 다진 마늘, 고춧가루, 진간장, 설탕, 굴소스, 올리고당을 넣어요.
5 청양고추를 잘게 썰어 넣고 전자레인지에 3분 돌려요.

순대볶음

쫄깃한 순대에 아삭한 채소와 매콤한 양념을 더했어요. 깻잎을 넣어 특유의 향을 추가해 배달 음식 못지 않은 맛있는 순대볶음을 만들었어요! 밥반찬이나 술안주로 먹기 좋아 자주 만들어 먹게 될 거예요.

● 재료 (1인분)

순대 8개, 채 썬 양배추 1줌, 양파 1/3개, 깻잎 3장, 물 30ml, 고추장 1큰술, 고춧가루 1큰술, 진간장 2큰술, 스테비아 1큰술, 참기름 1큰술, 소금 1/2큰술, 후추 약간

● 만드는 법

1 전자레인지 용기에 고추장, 고춧가루, 진간장, 스테비아, 참기름, 소금, 후추, 물을 넣어요.
2 양배추와 채 썬 양파를 넣고 깻잎은 손으로 찢어 넣어요.
3 순대를 넣고 잘 섞어준 후 전자레인지에 4분 돌려 마무리해요.

1

2

3

Week 4

순두부 불닭 치즈

부드럽고 촉촉한 순두부와 불닭 소스가 만났어요. 한 숟가락 떠 먹으면 입안 가득 자극적인 맛이 확 퍼지는데 사르르 녹는 순두부가 매운맛을 부드럽게 잡아줘요. 스트레스 받는 날 간단히 만들어 먹기 좋은 음식입니다.

● 재료 (1인분)

순두부 1/2모, 불닭 소스 1큰술(시판용), 다진 마늘 1/2큰술, 굴소스 1/2큰술, 양조간장 1큰술, 알룰로스 1큰술, 참기름 1큰술, 체다 치즈 1장

● 만드는 법

1 전자레인지 용기에 순두부를 넣고 숭덩숭덩 썰어요.
2 전자레인지에 1분 돌린 후 나온 물을 버려요.
3 빈 그릇에 불닭 소스와 다진 마늘, 굴소스, 양조간장, 알룰로스, 참기름을 넣어 양념장을 만들고 순두부 위에 부어요.
4 체다 치즈를 올린 후 전자레인지에 2분 돌려 마무리해요.

스팸 달걀 덮밥

짭짤한 스팸과 감칠맛이 나는 굴소스, 부드러운 달걀이 어우러져 아이부터 어른까지 누구나 맛있게 먹는 덮밥이에요. 스팸이 크게 들어가면 짜게 느껴질 수 있으니 작게 썰어 넣기를 추천합니다.

● 재료 (1인분)

밥 1공기, 스팸 1/3개, 달걀 2개, 굴소스 1/2큰술, 참기름 2큰술, 통깨 약간

● 만드는 법

1 전자레인지 용기에 참기름 1큰술을 펴 발라요.
2 달걀을 풀어 넣어준 후 전자레인지에 1분 30초 돌려요.
3 전체적으로 으깨듯이 저어주고 전자레인지에 1분 30초 돌려요.
4 스팸을 작게 잘라 넣은 후 전자레인지에 3분 돌려요.
5 밥과 굴소스를 넣고 비벼요.
6 나머지 참기름과 통깨를 넣어 마무리해요.

상추 비빔밥
깻잎 참치 비빔밥
쪽파 비빔밥
잡채
비엔나 카레밥
순두부 명란밥
스팸 치즈 김치밥
카레 우동
라면볶이
새송이 갈릭 버터구이
달걀 모닝빵
프링글스 피자
초코칩 치즈케이크

Part 4

단돈 만 원! 초간단
알뜰 요리 **모음**

No 1 상추 비빔밥

상추의 아삭함과 고추장의 매콤함이 만났어요. 시골에서 할머니가 만들어주는 고소한 비빔밥이 생각나는 요리입니다. 간단한 재료로 슥슥 비벼 먹는 맛깔나는 상추 비빔밥을 만들어보세요!

● 재료 (1인분)

밥 1공기, 상추 3장, 달걀 1개, 물 1/2컵, 고춧가루 2큰술, 진간장 2큰술, 식초 1큰술, 설탕 1큰술, 참기름 1큰술, 통깨 약간

● 만드는 법

1 전자레인지 용기에 밥을 넣고 상추를 손으로 찢어 넣어요.
2 고춧가루, 진간장, 식초, 설탕, 참기름을 넣고 비벼요.
3 빈 용기에 물과 달걀을 넣고 노른자를 포크로 터트려요.
4 전자레인지에 1분 30초 돌린 후 밥 위에 얹어요.
5 참기름을 넣고 통깨를 뿌려 마무리해요.

No 2
깻잎 참치 비빔밥

참치와 깻잎은 정말 잘 어울리는 조합이죠? 여기에 매콤한 고추장과 달큰한 케첩을 함께 넣어 특별한 맛을 더했습니다. 그릇에 담아 양껏 먹으면 든든한 저녁 식사로 손색없어요.

● 재료 (1인분)

밥 1공기, 깻잎 3~4장, 캔참치 2큰술, 다진 마늘 1/2큰술, 고추장 1큰술, 토마토케첩 1/2큰술, 진간장 1큰술, 설탕 1큰술, 참기름 1큰술, 통깨 약간

● 만드는 법

1 전자레인지 용기에 밥과 기름을 뺀 참치를 넣어요.
2 빈 그릇에 다진 마늘과 고추장, 토마토케첩, 진간장, 설탕, 참기름, 통깨를 넣어 양념장을 만들어요.
3 양념장을 밥 위에 올려요.
4 전자레인지에 2분 돌린 후 얇게 썬 깻잎을 올려 마무리해요.

No 3 쪽파 비빔밥

집에 흔히 있는 재료로 만든 초간단 쪽파 비빔밥입니다. 고추장과 달걀, 참기름이 들어가 고소하고 감칠맛이 좋은 요리예요. 쪽파의 신선함이 그대로 담긴 비빔밥을 만들어보세요.

● 재료 (1인분)

밥 1공기, 달걀 1개, 고추장 1큰술, 참기름 1큰술, 쪽파 적당량

● 만드는 법

1. 전자레인지 용기에 밥을 넣어요.
2. 달걀을 넣고 비빈 후 전자레인지에 3분 돌려요.
3. 고추장과 참기름을 넣고 비벼줘요.
4. 잘게 썬 쪽파를 올려 마무리해요.

No 4
잡채

잡채는 은근히 손이 많이 가는 요리인데 전자레인지로 간단히 만들 수 있어요! 복잡한 과정을 생략한 실속형 잡채로 어묵과 당근을 넣어 일반 잡채에 비해 재료가 간단하고 저렴합니다.

● 재료 (1인분)

당면 1줌, 어묵 1장, 당근 약간, 마늘 1쪽, 물 적당량, 굴소스 1/2큰술, 진간장 3큰술, 설탕 1큰술, 참기름 1/2큰술, 후추 약간, 통깨 약간

● 만드는 법

1 당면 위에 물을 붓고 4시간 이상 불려줘요.
2 불린 당면을 전자레인지 용기에 담아요.
3 당근은 얇게 채 썰고 어묵은 한입 크기로 썰어 넣어요.
4 잘게 썬 마늘과 굴소스, 진간장, 설탕, 참기름, 후추를 넣어요.
5 물 5큰술을 넣고 전자레인지에 4분 돌린 후 저어줘요.
6 전자레인지에 3분 돌린 후 통깨를 뿌려 마무리해요.

No 5 비엔나 카레밥

비엔나 소시지의 짭짤한 맛에 카레의 풍미를 더했어요. 소시지의 톡톡 터지는 식감이 재밌는 요리예요. 소시지를 사선으로 칼집 내 익히면 사이가 벌어져 보기에도 먹음직스러운 한 끼가 완성됩니다.

● 재료 (1인분)

밥 2큰술, 달걀 1개, 비엔나 소시지 8개, 양파 1/3개, 물 5큰술, 카레 가루 3큰술

● 만드는 법

1 전자레인지 용기에 뜨거운 물과 카레 가루를 넣고 잘 섞어줘요.
2 채 썬 양파와 칼집을 낸 비엔나 소시지를 넣어요.
3 달걀을 풀어 넣고 전자레인지에 5분 돌려요.
4 밥을 넣고 비벼준 후 전자레인지에 2분 돌려 마무리해요.

No 6 순두부 명란밥

부드럽고 담백한 순두부와 짭짤한 명란이 만났어요. 입에서 사르르 녹는 순두부와 명란의 조합은 간단하지만 고급스러운 맛이에요. 빠르고 간단하게 만드는 특별한 한 끼를 먹고 싶을 때 자주 찾게 될 거예요.

● 재료 (1인분)

밥 3큰술, 순두부 1/2모, 명란 1개, 달걀 1개, 다진 마늘 1큰술, 대파 적당량, 굴소스 1큰술, 멸치액젓 1/2큰술, 참기름 1큰술, 통깨 약간

● 만드는 법

1. 전자레인지 용기에 순두부를 넣고 으깨줘요.
2. 전자레인지에 3분 돌리고 나온 물을 버려요.
3. 다진 마늘과 잘게 썬 대파를 넣어요.
4. 명란알과 달걀을 넣고 노른자를 포크로 터트려요.
5. 밥과 굴소스, 멸치액젓을 넣고 전자레인지에 4분 돌려요.
6. 참기름과 통깨를 넣어 마무리해요.

3

4

No 7 스팸 치즈 김치밥

김치의 매콤함과 알룰로스의 달달한 맛이 잘 어울려요. 여기에 치즈와 참기름의 고소한 맛까지 더해져 다양한 맛을 느낄 수 있습니다. 쉽고 편해서 자주 만들어 먹게 될 거예요.

● 재료 (1인분)

밥 1/2공기, 잘게 썬 김치 3큰술, 스팸 1/3개, 참기름 1큰술, 알룰로스 1큰술, 스트링 치즈 1개

● 만드는 법

1 전자레인지 용기에 김치와 잘게 자른 스팸을 넣어요.
2 밥과 참기름, 알룰로스를 넣어요.
3 스트링 치즈를 얹고 전자레인지에 4분 돌려 마무리해요.

1

3

No 8 카레 우동

쫄깃한 면발이 매력적인 카레 우동입니다. 밥과 함께 먹는 일반적인 카레와는 또 다른 매력이 있어요. 매운맛을 좋아한다면 청양고추를 넣어 먹어도 좋고 남은 카레 국물에 밥을 비벼 먹어도 맛있습니다.

● 재료 (1인분)

우동사리면 1개, 물 150ml, 우유 100ml, 카레 가루 3큰술, 치킨스톡 1/2큰술

● 만드는 법

1 전자레인지 용기에 면을 넣어요.
2 뜨거운 물을 붓고 전자레인지에 3분 돌려요.
3 물을 버리고 흐르는 물에 면을 가볍게 헹궈요.
4 우유, 카레 가루, 치킨스톡을 넣어요.
5 전자레인지에 4분 돌려 마무리해요.

No 9 라면볶이

국물 없는 볶음 라면인데 전자레인지로 만들어 간단해요. 매콤달콤하고 짭짤한 맛의 라면볶이는 색다른 라면이 당길 때 먹으면 딱 좋아요. 김가루를 뿌려 먹으면 더욱 맛있어요.

● 재료 (1인분)

라면 1개, 달걀 1개, 물 5큰술, 진간장 1/2큰술, 알룰로스 1/2큰술, 참기름 1/2큰술, 김가루 적당량

● 만드는 법

1 전자레인지 용기에 면과 물을 넣고 전자레인지에 5분 돌려요.
2 뭉친 면을 풀어주고 남은 물을 버려요.
3 라면 스프와 진간장, 알룰로스, 참기름을 넣어요.
4 빈 용기에 물과 달걀을 넣고 노른자를 포크로 터트려요.
5 전자레인지에 1분 30초 돌린 후 면 위에 올리고 김가루를 뿌려 마무리해요.

No 10 새송이 갈릭 버터구이

칼집 낸 새송이버섯에 마늘과 버터 향이 스며든 요리예요. 여기에 고소하고 짭짤한 치즈를 더하면 맛이 없을 수 없는 조합이죠! 탱글한 버섯의 식감과 씹을 때마다 퍼지는 육즙 같은 수분감이 고기 못지 않게 맛있어요.

● 재료 (1인분)

새송이버섯 3개, 다진 마늘 1큰술, 버터 1조각(15g), 쯔유 1큰술, 올리브유 3큰술, 피자 치즈 30g

● 만드는 법

1 새송이버섯의 흰 부분에 칼집을 내요.
2 다진 마늘과 버터, 올리브유를 넣고 쯔유로 간을 해요.
3 전자레인지에 3분 돌려요.
4 피자 치즈를 올리고 전자레인지에 2분 돌려 마무리해요.

No 11 달걀 모닝빵

1

2

3

부드러운 모닝빵 속에 달걀을 넣어 구웠어요. 반숙으로 익히면 노른자가 입안에서 부드럽게 퍼지고, 완숙으로 익히면 담백한 맛을 즐길 수 있어요. 양파의 식감과 햄의 짭짤한 맛이 조화로운 간단 요리예요!

● 재료 (1인분)

모닝빵 2개, 달걀 2개, 비엔나 소시지 2개, 양파 1/3개, 소금 1/2큰술, 파슬리 가루 약간

● 만드는 법

1 모닝빵 속을 손으로 뜯어내요.
2 빵 안에 달걀과 잘게 썬 양파를 넣고 섞어줘요.
   Tip 달걀이 넘칠 수 있으니 주의하세요!
3 소시지와 소금을 넣고 파슬리 가루를 뿌려요.
4 전자레인지에 3분 돌려 마무리해요.

No 12 프링글스 피자

1

2

3

프링글스 과자 위에 피자 토핑을 올렸어요. 특별한 날 와인과 함께 먹어도 손색 없는 핑거 푸드입니다. 토마토 케첩과 마요네즈를 너무 많이 바르면 눅눅해질 수 있으니 주의하세요.

● 재료 (1인분)

프링글스 과자 6개, 올리브 4개, 토마토케첩 6큰술, 마요네즈 6큰술, 피자 치즈 적당량

● 만드는 법

1 프링글스 위에 토마토케첩을 얇게 펴 발라요.
2 토마토케첩 위에 마요네즈를 올려요.
3 피자 치즈와 잘게 썬 올리브를 올려요.
4 전자레인지에 2분 돌려 마무리해요.

No 13 초코칩 치즈케이크

부드러운 산미와 짠맛이 느껴지는 크림치즈에 달달한 초코칩 과자가 들어간 치즈케이크예요. 오븐 없이 전자레인지로 누구나 쉽게 만들 수 있는 디저트랍니다. 커피나 우유와 함께 먹으면 더욱 맛있어요.

● 재료 (1인분)

초코칩 쿠키 1박스(104g), 달걀 1개, 버터 1조각(15g), 크림치즈 190g, 설탕 2큰술

● 만드는 법

1. 전자레인지 용기에 쿠키와 버터를 넣고 전자레인지에 1분 돌려요.
2. 포크로 쿠키를 잘게 부수고 버터와 잘 섞어준 후 얇게 펴줘요.
3. 빈 그릇에 달걀과 크림치즈, 설탕을 넣고 잘 섞어요.
4. 쿠키 위에 평평하게 담아요.
5. 전자레인지에 5분 돌리고 잠시 식혀둡니다.
6. 냉동실에 30분 넣어두면 완성입니다.